男子が10代のうちに考えておきたいこと

田中俊之

岩波ジュニア新書 900

はじめに

「進学校」って何？

世の中には「進学校」と呼ばれる高校があります。「進学校」とはどのような高校なのでしょうか。「進学校」とは単にそこに在籍する生徒のほぼ全員が、進学するという意味ではありません。進学先は短大や専門学校ではなく、あくまでも四年制大学に限られます。さらにいえば、単に大学に進学するという意味でもありません。大学のなかでも「難関大学」の合格者を多く輩出したという実績によって、はじめて「進学校」と自他共に認められます。

中学生時代に成績が良かったとすれば、高校受験のときには少しでも偏差値の高い「進学校」へ行きたいと考えたのではないでしょうか。「進学校」に合格すると、親や先生が喜んでくれるし、自分自身も「進学校」の生徒であるという誇りを持てます。でも、なぜ「進学校」に行くことはそんなに素晴らしいのでしょうか。「進学校」の意味からも明らかなように、「難関大学」に進学するための第一関門を突破したからです。

校風が自由だとか、生徒が主体的に文化祭を運営しているだとか、素晴らしい先生が指導してくれる部活があるだとか、「難関大学」への進学に無関係なことは「進学校」の基準には入りません。そもそも、自由な校風、生徒主体で運営する文化祭、そして、熱中できる部活のせいで、受験勉強が疎《おろそ》かになるようでは困ると心配な親もいるはずです。いずれにしても、「進学校」での毎日は「難関大学」へ進むための準備に費やされるべきであって、高校生活が充実しているかどうかは、「進学校」を評価する際にあまり重視されていないと言えます。

では、どうして「難関大学」に進学したいのでしょうか。一つは「進学校」と同じように、「難関大学」に合格すると、親や先生に祝福され、自分自身も「難関大学」の学生であるというプライドを持てるからです。ただし、それよりも一般的に大切だと思われているのは、「一流企業」に就職しやすくなることだと思います。はじめて聞く言葉かもしれませんが、就職活動では「学歴フィルター」があるとされています。「難関大学」の学生は、そのフィルーターでふるい落とされることがほとんどないと言われています。一方、それ以外の学生には、会社の説明会があるという情報さえ知らされない場合もあるようです。

「難関大学」に所属することは、周囲にも本人にも満足感を与えてくれますし、就職活動での有利さにつながるので、「難関大学」のブランド価値は高まります。また、卒業生たちのつながりも濃密で、官庁や企業のなかには、「○○会」「△△会」といった同窓会があったりします。だから、「難関大学」への進学だけを目的にして、何が学びたいのかを度外視して、すべての学部の試験に臨むような受験生もいます。何を学びたいかではなく、「難関大学」が自分の将来にどのような「特権」を与えてくれるかに興味があるからでしょう。

「難関大学」に進学した場合の選択肢

もし、「進学校」の生徒であるにもかかわらず、仮に、大学への進学をやめて就職や専門学校への進学を希望したら、ほぼ確実に親や先生から反対されます。「進学校」は「難関大学」へ行くための「近道」です。せっかくそのルートに乗っているのに、「進学校」でなくても選べる「脇道」に逸れることは認められません。親や先生は、きっと「難関大学」に行っておけば人生の選択肢が増えると説得します。もしくは、大学に行ってからでも遅くはないと言ったりします。そして、結局は、高卒よりも大卒の方が有利だとか、生涯賃金に影響するだとか、「一流企業」への就職に関連した話になります。

誰でも少し落ち着いて考えれば分かることですが、「難関大学」への進学によって選択肢が増えることはありません。「難関大学」の学生には、「一流企業」への就職が期待されます。実際、「難関大学」に通う学生から、服飾関係の仕事に就きたいのに親から反対されたという話を聞いたことがあります。いまでは大卒の人も働いている業界ですが、進学校の先生やそこに子どもを通わせている親のなかには高卒や専門学校卒の人がする仕事というイメージがあるのでしょう。

また、難関大学に通う大学生の場合、どれだけ研究やサークル、あるいはバイトなどで大学生活が充実していても評価されることはありません。あるいは、自分のなりたい職業が見つかっても、「一流企業」の社員になれなければ、「進学校」から「難関大学」まで歩んできた努力は「水の泡」と解釈されてしまうのです。

さて、ここで少し立ち止まって考えてみたいことがあります。それは「進学校」から「難関大学」への進学、そして、「難関大学」から「一流企業」への就職を、男女のどちらがより強く意識しているかという問題です。

まず、大学進学率を確認します。二〇一七年度の大学進学率は女子四九・一％、男子五五・九％と男子の方が六・八％高くなっています。ただし、女子は短大の進学率が八・六％なので大学との合計では、五七・七％です(内閣府男女共同参画局『男女共同参画白書(概要版)平成三〇年版』)。「有名短大」はありますが、短大が「難関大学」と呼ばれることはありません。それでも、一定数の女子は短大に進学します。

文部科学省は、短期大学を、「学校教育法において四年制大学と目的や修業年限を異にする大学と位置づけられており、昭和二五年の制度創設以来、特に女性の高等教育の普及や実践的職業教育の場として、大きな役割を果たしてきました」(http://www.mext.go.jp/a_menu/koutou/tandai/index.htm)と位置づけています。そして、卒業後の進路は、「幼稚園教諭や保育士、栄養士や介護福祉士など」であり、短大は「地域の専門的職業人の養成の面で重要な役割」を果たしています。

幼稚園教諭、保育士、そして、介護福祉士といった職業は、人のケアをする仕事です。共働きの家庭では子どもを安全な保育園に預けられるからこそ、安心して親が働けるのです。世の中にはケアを必要としている人がおり、現状では家庭や地域だけで支えることが無理である以上、職業として携わる人がいなければ社会は回りません。

社会にとって不可欠な仕事であるにもかかわらず、他の職業と比較して給料が安いという傾向があります。短大に進学する女子の多くは、人をケアする仕事に就きますが、給料面から見るかぎり待遇がいいとは言えません。専門性のあるケアではなく、本来は無償である「お世話」の延長と理解されてしまっていることが原因の一つだと考えられます。厚生労働省によれば、保育士の場合、経験年数七年未満が正規職員の半分を占めています。単にお給料が安いだけではなく、長く続ける人が少ない職業であることが分かります。

短大出身の女子は、職業の領域でこのように不利な状況に置かれているわけですが、「難関大学」でも専攻によって、会社に入ってからの環境や待遇は違います。「進学校」では受験への対応から、文系クラスと理系クラスに分かれていると思いますが、共学の場合、その男女比に差があるのは明らかです。文系クラスは女子、理系クラスは男子と数が偏っています。

学部にもよりますが、理系では大学院の修士課程まで進学することが前提となっている分野もあり、大学での研究が職業に直結することも少なくありません。そのため、文系に比べて理系は就職に有利という評価が一般的です。もちろん科目の得意／不得意は大きく影響していると思いますし、大学で何を研究したいかも関係しているはずですが、文理の選択にあたって、多くの男子が就職という「出口」も意識していると思われます。

文系でも文学部のように就職に直結しにくい学部には女子、経済学部や経営学部などの就職につながりやすいと思われている学部には男子という傾向が見られます。文系でもやはり男子は女子と比較して、どのような仕事に就けるのかを念頭に置いているようです。見方を変えれば、自分自身だけではなく、男子の方が「難関大学」から「一流企業」への就職を親や先生から期待されているということになります。

「一流企業」で働くと「いい家庭」を作れる?!

それでは、どうして「難関大学」出身の男性は、「一流企業」で働かなければならないのでしょうか。その答えは、「いい家庭」を作るためです。高度経済成長期以降の日本では、父親が会社で働いて経済的な「大黒柱」となり、母親は無償で家族の「お世話」をするのが「いい家庭」だとされてきました。父親がどのような会社に勤めているのかは、「大黒柱」としての安定性に影響します。勤め先が「一流企業」であればあるほど所得は高くなるので、「大黒柱」の強度が増すわけです。

「三歳児神話」という言葉を聞いたことはありますか。「三歳児神話」とは、三歳までは母親が子育てに専念するのが「正しい」とする考え方のことです。母親が子育てに専念するための前提条件は、父親が仕事を絶対に辞めないことです。母親だけではなく、父親の収入もなくなってしまえば、家族の生活が成り立たなくなってしまうからです。父親は定年退職まで働いて家族を養うのが「正しい」という考え方を、ここでは「大黒柱神話」と呼びたいと思います。「三歳児神話」と「大黒柱神話」は相補的な関係です。

昭和がとっくに終わり、平成も幕を下ろした現代では、高校生の目から見ればどちらの「神話」も「古い」と思われるかもしれません。しかし、社会のなかで共有されている明文化されていないルールは、それが「当たり前」であればあるほど体感しにくいものです。試しに「違反」した場合のことを考えてみると、自分たちが「自然」に従っているルールが実感できます。

小学校時代に自分の母親が働いていて「寂しい」と感じたことはありませんか。あるいは、お母さんがあまり家にいない友達を「かわいそう」と思ったことはないでしょうか。母親が働いていることに対して、否定的な感情を持ってしまうのは、「三歳児神話」が親だけではなく子どもにも共有されているからです。母親も働くのが「当たり前」の社会であれば、逆に、母親が家にいることに「違和感」を持つでしょう。

これは幼い頃にかぎらず、いまでも同じかもしれませんが、父親が家にいると「邪魔だ」と感じることはありませんか。「大黒柱」である父親は、少なくとも一日八時間は会社で働き、二、三時間程度の残業は「普通」です。加えて、通勤には片道一時間程度かかるので、帰宅はどこのご家庭でもおおよそ二一～二二時ぐらいになります。父親は家にいないのが

「当たり前」なので、たまにいると嫌な気持ちを抱いてしまうのです。父親が仕事よりも家庭を重視するのが「普通」の社会であれば、逆に、家にいないことに「違和感」を持つはずです。

もう少し「大黒柱神話」について考えてみます。もし、自分の父親が仕事を辞めてしまったら、どのように感じるでしょうか。そんなことはありえないと考えていませんか。もう少し現実的に、どのように感じるかなどと悠長なことを言っている場合ではないと思ったかもしれません。それは全くその通りです。家のローン、家族の生活費、そして、高校の学費まですべての支払いができなくなります。

この本を読むと、単純に「難関大学」への進学だけを高校生活の目標にすることに疑問が生じ、がむしゃらに受験勉強をする意欲がなくなってしまうかもしれません。しかし、「難関大学」への進学を期待する周囲を裏切ってしまうなどという心配は無用です。主体的に考える機会を奪おうとするような大人は、みなさんの人生に責任を持つことはないからです。

高校生にとって、進学は定年退職までの人生を決めてしまうような重大な選択です。この本の目的は、「男」という性別が、男子の生き方にどのような影響を与えるのかを解説し、男子に自分が進む道について落ちついて考える機会を提供することです。性別が自分の生き方に与える影響の大きさについて理解できるようになれば、「女」という性別が女子の生き方にどのような影響を与えるのかも考えることができるようになるはずです。そうした想像力は、これからの社会を生きていく上で受験よりもはるかに大切なことだと思います。

目　次

はじめに
「進学校」って何？／「難関大学」に進学した場合の選択肢／「一流企業」で働くと「いい家庭」を作れる?!

第1章　日本社会で「男」として生きること……1
男子がスカートに着替えたら／ジェンダーとは何か／保育園や幼稚園の先生は誰でもできる？／偉い人は「男」だらけ／性別役割分業が「普通」の日本／男女平等の理想と現実／新小学校一年生の就きたい職業／親が就いてもらいたい職業／「らしさ」はあなどれない／〈男らしさ〉・〈女らしさ〉とは何か／女子が言

う「すごい」に隠された意味／男ならではの不自由

第2章 「男は仕事、女は家庭」の過去・現在・未来 …… 43

性別役割分業の歴史／「夢」としてのサラリーマン／「夢」から「平凡」の象徴へ／「私、作る人、僕、食べる人」な社会システムへの抗議／二四時間たたかう亭主は、元気で留守がいい／リストラと新規雇用の抑制／女性の社会進出をめぐる現状／進む未婚化／草食男子の本当の意味／家族像の行方

第3章 泣けない男の一生 …… 81

〈男らしさ〉と涙／コミュニケーションの深度／恋愛との向き合い方／恋愛における加点式と減点式／社会人という言葉の意味／平日昼間問題／生命・生活・生涯／「きょうよう」と「きょういく」が大切だ／仕事の両義性／孤立する男性

第4章「やさしい」のに「やさしくない」日本社会 …… 117
ジェンダーの視点から社会を見る／なぜ多様性が重要なのか／変わる職場／日本におけるメンズリブ運動／不全感と攻撃性／比較をやめる／見栄とプライドの違い／自分のなかの多様性／積極的寛容と消極的寛容／「やさしい」社会の実現で変わる男性の生き方

主要参考文献 …… 159

おわりに …… 163

イラスト＝ヤギワタル

第１章

日本社会で「男」として生きること

男子がスカートに着替えたら

男子のみなさんは、制服でも私服でもズボンですよね。スカートをはいたらきっと「恥ずかしい」と思うでしょう。自分の感覚からしても、一般的な「常識」からしても、普段の生活で男子がスカートをはく機会はありません。そうしたなか、二〇一四年一一月に山梨県立富士北陵高校で興味深い試みがおこなわれました。有志の生徒二九九人（男子一一七人、女子一八二人）が男女で制服を交換して、一日そのままの格好ですごしたのです。

スカートをはいた男子は、「スカートだと足を開いて座れない。女子が日頃から気遣いしているんだなと思いました」と感想を述べています（『朝日新聞』二〇一四年一一月一二日朝刊山梨地方面）。スカートだとズボンよりも手間がかかり、女子トイレがいつも混んでいる理由が分かったと言っている男子もいました（『朝日新聞デジタル』「高校生が男女で制服交換「らしさ」見つめる試み」二〇一四年一一月一一日動画）。男子たちは実際に着替えてみることで、スカートだと体の動きが制限されることや、女子トイレに人が並ぶ理由が分かったようです。

一方、女子は「身だしなみに対して気が引き締まると思います。ネクタイをすることで頑張ろうって」(『朝日新聞デジタル』「高校生が男女で制服交換「らしさ」見つめる試み」二〇一四年一一月一一日動画)とインタビューに答えていました。この学校では女子の制服はリボンですので、ネクタイによって男子が緊張感を持つのかもしれないと気づいたのです。

飛び越えられないと思っていた男女の境界線が、意外にも絶対的ではないと理解することができたからでしょう。男女で制服の交換をした感想として、「女子だから男子だからこうでなきゃ、という先入観はなくなった」、あるいは、「大人になって「らしさ」のプレッシャーにとらわれてしまう時にこそ、今日の体験が役に立つ」といった声が聞かれました(『朝日新聞』二〇一四年一一月一六日朝刊)。

この問題を自分自身で、もっと掘り下げた人がいます。元テレビ番組・映画プロデューサーで作家のクリスチャン・ザイデルさんは、一年にわたってクリスチアーネという女性としてすごす「実験」をしました。

ザイデルさんはプロデューサー時代を次のように振り返っています。「……、かつてはメディアの世界に生き、モデルコンテストを主催したこともあった。世界中を飛び回り、男らしい行動をする自分に酔っていた。ヘリコプターでマンハッタンに飛び、葉巻を口にくわえながら降り立ったこともある。そして、裏にハートマークや誘惑の言葉を手書きした名刺を女性たちに手渡すのだ。そうすることが自分の使命のような気がしていた」（クリスチャン・ザイデル『女装して、一年間暮らしてみました。』サンマーク出版）。

これだけの「成功」を手にしていたザイデルさんですが、仕事でのバーンアウトと交通事故がきっかけとなり、作家に転身します。ちなみにバーンアウトとは、「燃え尽きる」という意味です。一心不乱に仕事をしてきた人が、突然、消耗感や無力感を抱き、意欲を失ってしまう症状で、それをバーンアウトシンドロームと言います。日本語に訳すと「燃え尽き症候群」です。働きすぎに加えて、いくら成果をあげても自分の仕事に確信が持てないことも燃え尽きてしまう原因の一つだと考えられています。

かつての経験をふまえて、ザイデルさんは「男とは穴のあいたバケツのような存在だ。いくら水を注いでも満杯になることはない。どれだけがんばっても完全にはならないので、満足も幸福感も得られない」（前掲書）と書いています。

服装や髪型、化粧だけではなく、大きな人工の胸を購入し、ハイヒールでの歩き方まで練習して身につけたクリスチアーネは、女性として生活するなかでいくつかの発見をします。まず悪い点として、女性に対する男性たちの不遜《ふそん》な態度です。街中や電車などの公共の場でジロジロと見られるだけではなく、体を触られるなど危険な目にあいます。

いい点としては、女性たちと肩肘《かたひじ》張らずに関係性を築けるようになったことです。ザイデルさんは既婚者で、初めは妻のマリアさんが女性の格好をするザイデルさんに強い拒否反応を示していました。そのマリアさんとも、最後には女友達として食事をするまでになりました。そこで次のような会話を交わします(前掲書)。

「女のあなたといっしょにいると、とてもリラックスできるの」

「わたしのことが少し理解できるようになったんじゃない?」僕は答えた。

「男女の役割を演じる必要がないからかな?」

「そうかもね」

ザイデルさんが「女」をやめて生活すると、かつては仲良くしてくれた女性たちと疎遠になってしまいます。ベトナム料理のレストランでは、店の女性から「最近、クリスチアーネに会ってないのがさみしいわ。これからはずっと男なんですか？」と聞かれるなど、総じて男に戻ったことをがっかりされたそうです。

日本でも「尾木ママ」こと教育評論家の尾木直樹さんは、既婚者でお子さんもいますが、オネエ言葉を使った語り口のやわらかさと的を射た発言で多くの人から親しまれています。男が男のままでは自分も他人もリラックスさせられないのはどうしてなのでしょうか。これからきちんと説明するように、男よりも女の方が得だなどと言いたいわけではありません。でも、「男」という存在に光を当てていろいろと考えてみる価値はあると思いませんか。

ジェンダーとは何か

高校生でもお化粧をしている女子はいますが、大学生になると、ほとんどの女子がメイクをするようになります。さらに、就活のマナー講座などでは、講師が「化粧をしないのは失礼」と指導することもあります。学生のうちは許されても、職場では認められないというわけです。こうして、女子はノーメイクでは人前に出られないと考えるようになり、「すっぴん」だと「恥ずかしい」と感じるようになります。

男子のズボンも、女子の化粧も、生まれつきの性質で決まっているとは思えません。どちらも学習の成果であり、それを「普通」とする社会的なルールがあると考えるのが妥当でしょう。男はズボン／女はスカート・ズボン、あるいは、男は化粧をしない／女は化粧をするといった男女をめぐる社会的なルールが、文化に書き込まれているのです。このような社会的・文化的に規定された〈男らしさ〉／〈女らしさ〉をジェンダーと言います。

ここで言う文化とは、美術や音楽、あるいは、文学のようなものだけではなく、もっと広く人々の日常生活を支える仕組み全般のことを意味します。博物館に並べられた狭い意味での文化的な展示物よりも、もっと直接的に生き生きと現実のなかに組み込まれており、日々、変化していきます。そのため、ジェンダーは社会によって異なるだけではなく、同じ社会でも時代によって変わっていきます。

指摘しておく必要があるのは、男女への期待が性格であれば果敢《かかん》／慎重、思考であれば解決／共感、そして、役割であれば仕事／家庭というように対称的に規定されていることです。その結果、男性と女性は全く異なる特性を持つ二つのグループとして理解されることになります。

よくマスメディアでもこの区別が使われているので、「男脳」／「女脳」の違いからこういった差が生まれるのではないかと思った人もいるかもしれません。しかし、脳の場合、男性的／女性的とされる特性を誰もが持っているとの指摘がなされています。「男脳」／「女脳」はきっぱりと二つに分けることはできず、モザイク状であるといわれています（『別冊日経サイエンス　性とジェンダー』一六頁）。さらに、何についても言えることですが、脳も性差よりも個人差の方が大きいと考えられています。いずれにせよ、「男脳」／「女脳」がそれぞれ解決／共感という図式は、日常的な感覚としてはありそうな気がしても、少なくとも科学的とは言えません。

それでも、男女に差があると主張される際に、持ち出されるのが体力です。これについては、中学生の体力調査の結果から二〇mシャトルランの結果を見てみることにします（図1・1）。もし、男性と女性はまったく別の集団であり、根本的な体力の差があるのであれ

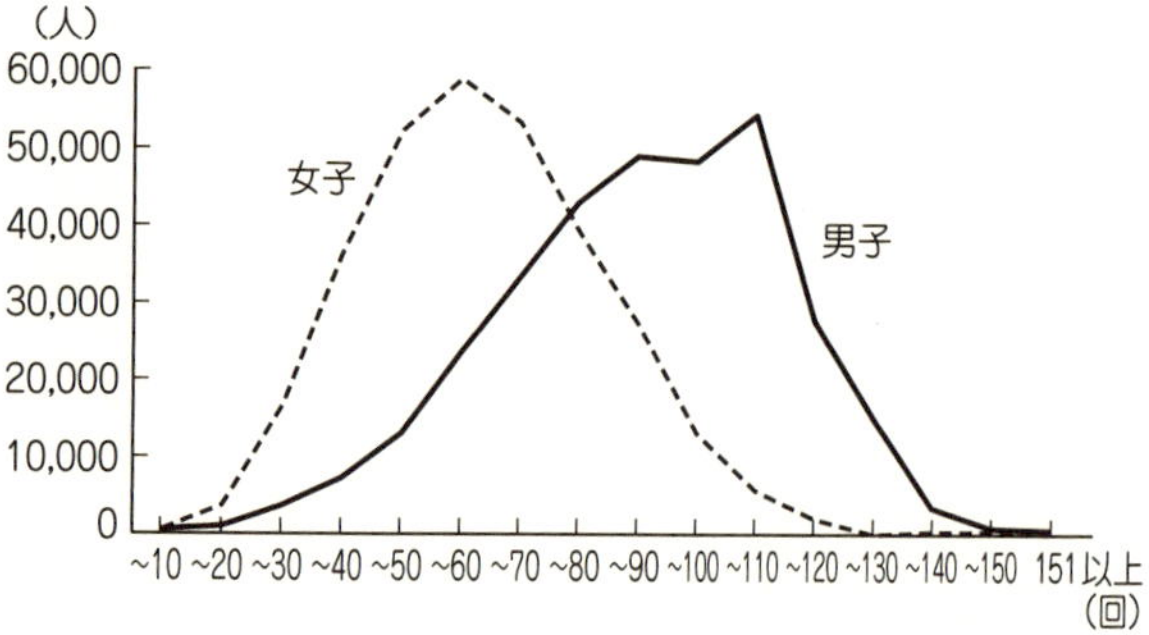

図 1.1　中学生の実技(20 m シャトルラン)結果(国・公・私立学校)(スポーツ庁『平成 29 年度 全国体力・運動能力，運動習慣等調査結果』をもとに作成)

ば、男女の記録は交わらないはずです。もっとも記録の低い男子は、一番記録のいい女子を上回らなければなりません。

一見してそのような分布にはなっていないことが分かります。もちろん、調査項目によって、結果の違いはありますが、どちらにしても平均に差があることは、男女が全く異なるグループであることを意味しません。

〈男らしさ〉/〈女らしさ〉は「自然」であるという認識が少しは崩れてきたでしょうか。ここからは主に仕事に注目して、現代の日本におけるジェンダーについて理解を深めていきたいと思います。

保育園や幼稚園の先生は誰でもできる？

保育園や幼稚園の頃を思い出してください。先生は女性ばかりだったのではないでしょうか。以前、インターネットを中心に、男の先生が幼い女の子の着替えをさせるのは問題なのではないかと話題になったことがあります。実際に現場で親が不安に思うような出来事が起きているというよりも、保育園や幼稚園では男の先生が珍しいから「不自然」と感じてしまう人がいるのだと考えられます。

小学校に上がると男性の先生が増えましたよね。中学校、高校とその割合は大きくなっていきます。ただし、小学校や中学校では女性の先生もたくさんいるのに、組織をまとめるトップである校長の多くが男性です(図１・２)。

もっとも女性の先生の割合が少ないのが大学です。学部によっては、男性の先生しかいないこともあります。テレビなどで見かける大学の先生は男性が多いので、高校生でも大学の先生は男というイメージをすでに持っていたかもしれません。大学での教育だけではなく、マスメディアでも研究者として専門性をいかして解説する役割を果たす大学教員は、先生の

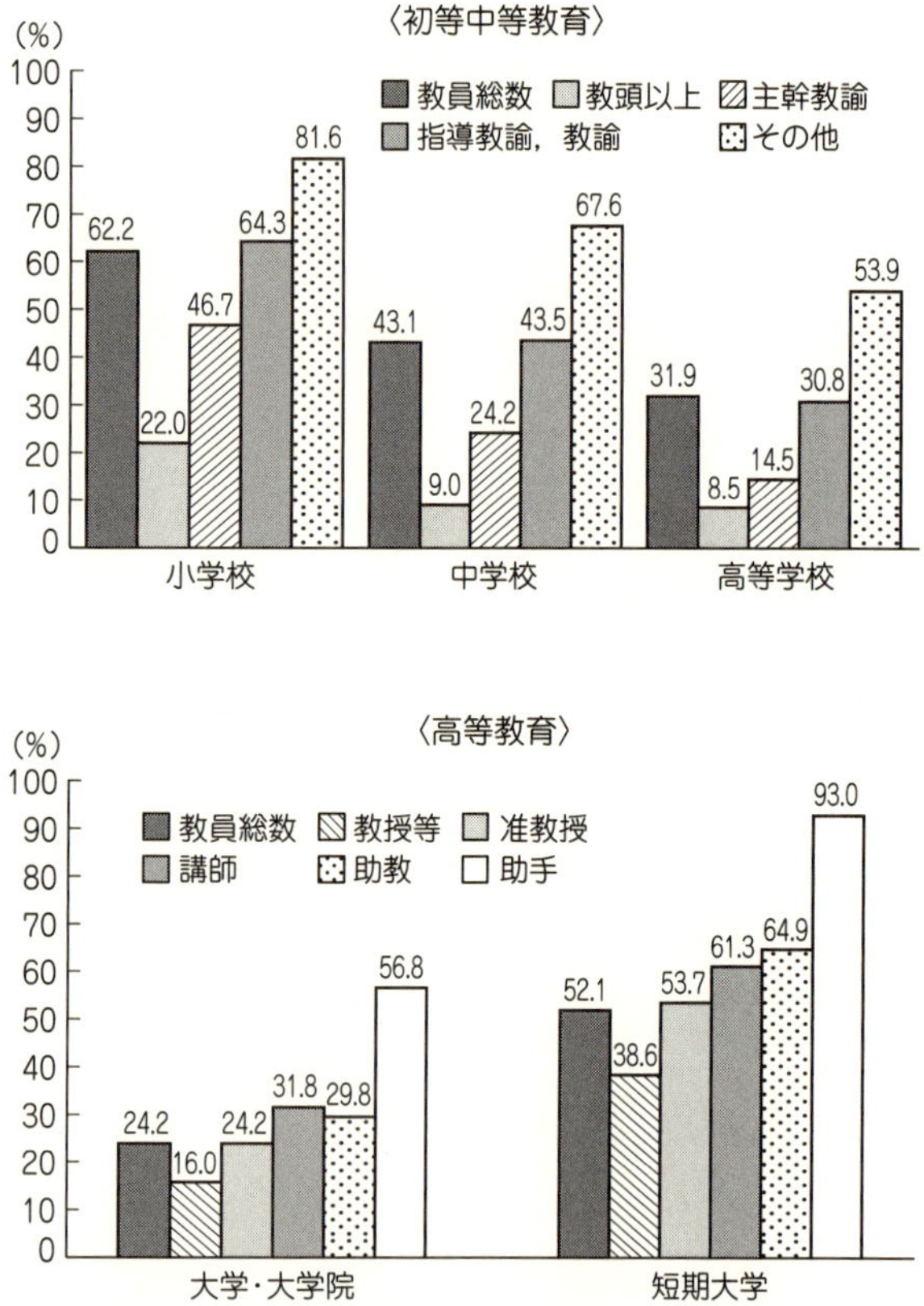

図 1.2　本務教員総数に占める女性の割合
（文部科学省「平成 29 年度学校基本調査」をもとに作成．内閣府『男女共同参画白書 平成 30 年版』より）

なかで一般的に社会的な地位が高いとされています。

教育は社会にとって重要な仕事です。大人になる準備をするために、幼児期から大半の時間を学校ですごすのですから、どの段階にもそれぞれの価値があり、先生にはそれぞれに応じた専門性が求められます。ただ、給料などの待遇という観点からみると、保育園や幼稚園の先生はあまり恵まれているとは言えません。一方で、大学の教員は、先生のなかでは社会的な地位だけではなく、待遇の面でも比較的恵まれています。

どうしてこのような差が生まれるのでしょうか。有名な男性起業家が「保育士の待遇が悪いのは誰でもできる仕事だから」とツイッターで発言したことがありました。言葉をかえれば、大学の先生は誰にでもできる仕事ではないから待遇が良いということになります。僕は大学教員であり、二〇一六年に生まれた子どもの父親でもあります。その立場からすると、これが偏見であることがよく分かります。例えば、イヤイヤ期と呼ばれる二歳児は本当にやっかいです。

歯を磨くのも、服を着るのもとにかく嫌で仕方がない。服を着なければ外出さえできませんし、ようやく着替えられても今度は「お家にいたい」と駄々をこねることもあります。スーパーに行けば店中を走り回るし、声が大きいので落ち着いて外食をするのも難しいです。デパートのレストランで食事をしようとした際に子どもが騒ぎ、周囲の「あの子なんなの?」「どうして親は静かにさせないんだ?」という視線が痛すぎて、注文すらできずに店を出たこともありました。

そんなうちの子どもですが、保育園に迎えに行った際に教室での振る舞いをこっそり覗いてみると、みんなと一緒に並んできちんとお座りをして、先生が絵本を読むのにおとなしく耳を傾けていました。先生から帰る前にトイレに行こうと言われれば、素直に言うことを聞きます。たった一人の子どもにさえ手を焼いている身からすれば、幼い子どもを、しかも、集団でまとめられる先生には純粋に尊敬の念を抱きます。

ただし、子どもに言うことを聞かせるだけが、先生の仕事ではありません。より大切なのは、まだ自分の気持ちを言葉で十分に表現できない子どもの意図を丁寧に汲《く》み取り、集団としてではなく一人ひとりと丁寧なコミュニケーションをすることです。ケアの専門性とはこのようなところにあります。そして、コミュニケーションを通じて、子どもたちは、人とかかわり合って生きていく上で求められる基本的な能力を育んでいくのです。

保育園や幼稚園の先生は、才能も知識も技術もあるからこそ務まる仕事です。誰にでもできるから待遇が悪いというのは、保育園や幼稚園の先生たちを傷つけ、仕事を冒瀆《ぼうとく》する乱暴な物言いです。それ以上に、単純に事実として間違った主張をしている点が問題だと言えます。

有名な起業家が男性であることは、こうした差別発言と無関係ではないと考えられます。偏見は誰もが少なからず持っていますが、それを言動に表すのは人を傷つける差別になるので躊躇《ためら》われるものです。そうした大多数が気後れするような言動を、大胆に実行できる男性に対して〈男らしさ〉を感じて憧れを抱いたり、賞賛したりする人が少なくないのです。もし、発言者が女性であれば、このような〈女らしくない〉言動に同意する人はほとんどいないはずですし、強く批判されるでしょう。

偉い人は「男」だらけ

これまであまり気にしてこなかったかもしれませんが、注意して観察すると、学校の先生には、段階によって性別に大きな偏りがあることが分かります。そして、男性が多い職場の先生ほど待遇が良く社会的地位も高いのです。先ほども指摘したように、小学校や中学校のように女性が多い場合でも、校長先生は男性という偏りもあります。

学校だけではありません。会社も同じです。まだ働いたことがなくても、企業の社長という言葉からは、自動的に男性が思い浮かぶはずです。部長や課長といった管理職でも女性の姿をイメージするのは難しいかもしれません。業種によって男女の割合に差はありますが、もちろんどこの会社でも女性は働いています。それにもかかわらず、「偉い人」となると男性しか想像できないのです。これは単なるイメージではなく、実際の数の上でも、どこの会社でも基本的に要職は男性が占めています。

政治の世界でも同じです。日本の歴史上、女性の総理大臣が誕生したことはありません。大臣も男性ばかりですし、そもそも国会議員のほとんどが男性です。学校がそうだったように、政治家でも、市区町村より都道府県、都道府県より国と待遇も地位も良くなるほどに、男性ばかりになっていきます。

海外に目を向けてみると、二〇一六年の大統領選挙で、アメリカで初の女性大統領が誕生するかと期待されました。しかし、民主党のヒラリー・クリントンは敗れ、共和党のドナルド・トランプが勝利しました。そのときに、女性であるヒラリーは「ガラスの天井」を破ることはできなかったと報道されました。

「ガラスの天井」とは、女性が女性であるという理由で、高い地位に就くのを阻む文化のことです。ここまで説明してきたように、改めて考えてみないと、職業や政治の領域で性別によって大きな偏りがあることは意識されないので、「ガラス」という言葉が使用されています。

ある社会の男女平等の度合いは、「ガラスの天井」の高低や強度によって測ることが可能です。現代の日本はどうでしょうか。毎年、新聞やテレビのニュースで、日本のジェンダー・ギャップ指数の順位が低いと報道されています。ジェンダー・ギャップ指数とは男女格差を測る世界経済フォーラムによる国際的な指標で、経済・教育・保健・政治の四つの視点で評価します。

二〇一八年一二月に発表されたデータ（表1）では、日本は一四九カ国中一一〇位と下から数えた方が早い順位です。とりわけ、男女の賃金格差や国会議員の女性比率が足をひっぱっています。経済や政治の分野で女性が上を目指そうとしても、日本では、すぐ「ガラスの天井」にぶつかってしまうのです。

北欧がとりわけ男女平等の先進国として知られていますが、それらの国だけではなく元首や大臣に女性が就いている国は増えています。「偉い人」が男性だらけではないところもあるのです。国によって男女の社会的な地位が異なるのは、まさしく文化の問題だと言えます。

こうしたランキングを見る際に注意しなければならないのは、何を評価の基準にしているかということです。男女の不平等を測る指標については、ジェンダー・ギャップ指数の他に

表1　ジェンダー・ギャップ指数(2018)の上位国及び主な国の順位

順位	国　名	値
1	アイスランド	0.858
2	ノルウェー	0.835
3	スウェーデン	0.822
4	フィンランド	0.821
5	ニカラグア	0.809
6	ルワンダ	0.804
7	ニュージーランド	0.801
8	フィリピン	0.799
9	アイルランド	0.796
10	ナミビア	0.789
12	フランス	0.779
14	ドイツ	0.776
15	英国	0.774
16	カナダ	0.771
51	アメリカ	0.720
70	イタリア	0.706
75	ロシア	0.701
103	中国	0.673
110	日本	0.662
115	韓国	0.657

(内閣府男女共同参画局 HP より)

ジェンダー不平等指数があります。二〇一八年のデータで日本の順位は、世界一六〇カ国中二二位です(国連開発計画(ＵＮＤＰ)による)。これは妊産婦死亡率の低さ、女性の教育水準と労働力率の高さが評価されるためです。

確かに日本は男女が不平等な国ですが、それを強調できる指標しか参照しないのは、現状を客観的に把握するためには不適切です。しっかりとした現状分析を欠けば、不平等を解消する効果的な対策を練る上で有益な議論をすることができなくなってしまいます。問題の深刻さを社会にアピールすることは重要ですが、現実を多角的に分析しなければ、男女平等の実現という本来の目標が実現できなくなってしまう懸念があります。

性別役割分業が「普通」の日本

日本は世界的に見ると、とりわけ政治と経済の分野で「ガラスの天井」が低くて強固な国だと言えます。この問題を考えるための重要なキーワードが「性別役割分業」です。校則のように明文化はされてはいませんが、現代の日本でも、「男は仕事、女は家庭」という性別に基づく分業が社会を回すための基本的なルールになっています。結婚を機に女性は家事や育児を担わなければならず、そのため、政治や経済の分野では活躍しにくい状況なのです。

換言すれば、仕事をしてお金を稼ぐのは男性の役割なので、女性向きとされる職業の待遇が悪くても問題がないと考えられてしまっているのです。保育園や幼稚園の先生の待遇が良くないのは、誰でもできる仕事だからではなく、職業領域における女性差別の結果だと言えます。

ここで理解しておいて欲しいのは、文系でも理系でも、学問は基本的に様々な現象の法則性を研究していますが、両者には違いもある点です。酸化について学習するために、多くの人が中学校の理科でスチールウールを燃焼させる実験をしたと思います。「酸素と反応した鉄は酸化鉄になる」という法則がすでに発見されていて、みなさんはそれを確かめたわけです。誰がやっても結果は変わりません。バーナーの故障などのように外的な原因がないかぎり、この実験は必ず成功します。

文系の学問は人を対象にしています。そのため、発見される法則は必ずこうなるというものではなく、ある程度の例外を含みます。性別役割分業は、多くの人が会社で働くようになり、住む場所と働く場所が分離した高度経済成長期に形成されたルールです。当時もすべての男女が結婚していたわけではないですし、三歳までは母親が子育てに専念するのが「正しい」とする「三歳児神話」、あるいは、父親は定年退職まで働いて家族を養うのが「正しい」という「大黒柱神話」に従わない人もいました。

ただし、社会のルールを破る人に対して、まわりの反応はとても「冷たい」ものだったと言えます。かつては結婚しないと「人として何か問題があるに違いない」という偏見を持たれていましたし、一九六〇年代には「カギっ子」という言葉が働く母親を批判する意味で使われていました。一九七〇年代の半ばになると、性別役割分業はルールとしても実態としてもすっかり定着します。専業主婦がもっとも多かったのがこの時代です。サラリーマンと専業主婦の組み合わせを「標準」とする発想は、これ以降、実態が変化していくにもかかわらず長年にわたって維持されることになります。

男女平等の理想と現実

よく知られているように、近年では男女問わず未婚化が進んでいます。また、女性活躍推進の時代なので、多くの企業が仕事と家庭の両立を可能にする制度づくりに取り組んでいます。その成果もあって育児休業取得後に仕事に復帰する女性が増えてきました。

こうした時代において、性別役割分業はもう「古い」という感覚を持つ人が増えているかもしれません。しかし、現実の行動に多少の変化があったとしても、社会的に共有された見えないルールは簡単には解消されません。

二〇一七年から事業主に対処が義務づけられましたが、妊娠をしたり、出産をしたりすると、会社でそれを理由にしたマタニティ・ハラスメント（略してマタハラ）を受ける女性が少なくありません。職場はいまだに妊娠することのない男性を「標準」とした「男社会」なのです。

また、イクメンという言葉がこれだけ社会に浸透しても、妊娠しないからこそ「重宝」されている男性が、育児にかかわろうとすると嫌がらせを受けることがあります。長男が生まれた際に、二週間の育児休業を取得したある男性は、上司から「子どもが多いと周囲の仲間に負担が増えるから、一人でストップするように」と言われました。次男の妊娠が分かると、さきほどとは別の新しい上司から、「君のところは三人家族で打ち止めと聞いていた。会社をだましたのか」と注意を受け、結局、閑職に追いやられてしまったそうです（『毎日新聞』二〇一七年六月二六日朝刊）。

性別役割分業は個々の家庭だけの問題ではありません。女子の生徒会長にはいまだに「違和感」を持つ人もいます。男子がメインで、女子はそれを補助するのが「普通」だと思われているからです。ある高校で生徒会長を務める女子は、「カイチョー！」と男子からからかわれたり、ザワザワして話を聞いてもらえなかったりすると新聞の取材に答えています。他にも、別の高校では、県大会の初戦で野球部が負けた際に、「生徒会長が女子だからだ」とクレームを入れられたケースもあるそうです（『朝日新聞』二〇一七年一〇月九日朝刊）。

こうした世の中で、「ガラスの天井」をスルーできる男子高校生は、「一流企業」への就職につながる「難関大学」への進学を、「当然」の目標として設定できます。しかし、女子高校生にとってこの目標は、男子ほど「普通」ではありません。見方を変えると、一〇代の半ばをすぎた男子たちは、「大黒柱」として「いい家庭」を支えるというゴールに向けて、すでに受験、就活、そして、会社内での出世レースへと方向づけられているのです。

新小学校一年生の就きたい職業

何歳ぐらいから、男子と女子は別の生き方をすることを学んでいるのでしょうか。それを知るために、株式会社クラレが一九九九年から実施している新小学校一年生が対象「将来就きたい職業」(https://www.kuraray.co.jp/enquete/2019)についての調査を参照していきます。

男の子の一位はスポーツ選手です。スポーツ選手は調査開始から二〇年連続して一位と圧倒的な人気です。身体能力を発揮して、社会的に注目される成果をあげることは広く社会に浸透した〈男らしさ〉だと言えます。実際、小学校では足の速い男の子はそれだけで自信を持つことができますし、高校でも運動部で活躍する男子は目立ちますよね。

ちなみに、二位は警察官、三位は運転士・運転手、四位は消防・レスキュー隊、五位は研究者という結果です。

女の子の一位はケーキ屋・パン屋で、二〇年連続で一位とこちらも安定した強さを誇っています。実際のパティシエは男性の多い職業です。現実的な仕事として選ばれているというよりも、お菓子作りやパン作りが〈女らしさ〉を感じさせるため、このような結果になっていると考えられます。

こちらも続きを見てみましょう。二位は芸能人・歌手・モデル、三位は花屋、四位は看護師、五位は保育士でした。

僕が中高生だった一九八〇年代後半から一九九〇年代前半は、まだ家庭科は女子だけの科目で、その時間、男子は中学校では技術、高校は格技をやっていました。いまの四〇代ぐらいまでの世代は男女が別の科目を受けることを通じて、間接的に「男は仕事、女は家庭」が「普通」であるというルールも学習していたのです。

一九九〇年代の半ばまでに、中学でも高校でも家庭科は男女共修になりました。でも、どれだけの男子が家庭科に真面目に取り組んでいるでしょうか。調理実習や裁縫といったイメージから、いまだに「女子向き」という印象が強いかもしれません。そうした実技はあくまで家庭科の一側面です。本来、この科目は生活という視点から自分の人生や社会について広く学べる科目です。将来のことを考えれば、「男は仕事」というルールに半ば自動的に巻き込まれ、職業以外の領域に目が向かない大人になってしまう危険性のある男子こそ、真剣に向き合う必要がある科目だと言えます。

話をランキングに戻します。男の子では、警察官や消防・レスキュー隊などのように人を助ける「かっこいい」仕事、それから、医師(八位)や研究者のように専門性があり、待遇も社会的地位も高い職業が選ばれています。

女の子では看護師や保育士のように人のケアにかかわる仕事に人気があり、他には、芸能人・歌手・モデルや美容師(九位)など「おしゃれ」で「かわいい」イメージのある職業がランキングに入っています。男女別の集計結果からは、わずか六歳の段階で、男の子と女の子の将来就きたい職業には大きな差があることが分かります。

男の子も女の子も実際に就ける職業という観点からすれば、あくまで「夢」であって現実的ではありません。ここで大切なことは、わずか六歳にして、子どもたちは性別によって異なる将来像を持っているということです。文化によって規定された男女をめぐる社会的なルールが、人生のかなり早い段階で身についていることが分かります。

親が就いてもらいたい職業

この調査が面白いのは、親に「子どもに就かせたい職業」を聞いているところです。子どもの夢と同じように、親の期待は子どもの性別によって変わります。具体的に確認していきましょう。

男の子の親の「就かせたい職業」の一位は公務員です。二〇年前も同じく一位でした。一〇年前は、二位でした。バブル崩壊後の一九九〇年代前半からは、「失われた一〇年」と呼ばれる不況が続きました。さらには、二〇〇八年のリーマン・ショックの影響もあって、近年の日本では大企業に就職しても安心できないという認識が一般的になっています。それに対して、公務員のイメージは、なんと言っても「安定」です。将来、子どもに苦労して欲しくないという気持ちが、この結果には反映されていると考えられます。

ちなみに二位はスポーツ選手、三位は会社員、四位は医師、五位は警察官となっています。

ただし、こちらがより重要なのかもしれませんが、男の子の将来にとって、「継続的にお金を稼ぐこと」が大切だと親が考えているという見方もできます。三位の会社員と合わせると、六歳の時点で四人に一人の親が、将来は官民問わずいわゆる「サラリーマン」として働いて欲しいという希望を持っています。「男は仕事」とは単に働くだけではなく、学校を卒業後はすぐに就職をし、定年まで働くことまでを含んでいるのです。

親が子どもの将来を心配して「安定」を求めるならば、女の子の親の「就かせたい職業」の一位も公務員で良さそうなものです。しかし、実際には二位となっており、女の子の一位は看護師です。こちらは、二〇年前も一〇年前も一位でした。

日本は性別役割分業を前提として回っている社会なので、率直に言って、働く女性のイメージはそれほど豊富ではありません。みなさんも会社で定年まで働く女性の姿を想像するのは難しいと思います。そうした環境のなかで、実際に多くの女性が働き、身近で専門性もある看護師が、女の子に就いてもらいたい職業として選ばれているのです。

かつて看護師は看護婦、保育士は保母、と名称からして女性を前提にしていました。いまでも病院では「看護婦さん」と呼びかけている人を見かけることがあるかもしれません。いずれも二〇〇〇年前後に「看護師」と「保育士」が正式名称となっています。ささいなことのようですが、文化は言葉を通じて作られていますから、言葉を変えることは非常に重要です。

なお、二〇年前と一〇年前に三位だった保育士は、九位にまで順位を落としました。どちらも「女性向き」というイメージは健在なのに、看護師と保育士で差がついたのは、やはり待遇の問題だと考えられます。男女問わず、将来は「安定」した収入を得て欲しいというのが親の願いのようです。それは、二位以降の順位(二位、公務員、三位、薬剤師、四位、医師、五位、会社員)を見ても感じます。

「らしさ」はあなどれない

さきほどの調査によれば、親は男の子に公務員になってほしいと思っています。しかし、まだ六歳の息子に「将来、何になりたいの?」と聞いて、「こうむいん」と返ってきたら親は喜ばないはずです。「子どもらしくない」と怒る親だっているかもしれません。不思議なことに、子どもの言動がそのまま「子どもらしい」と受け止められるわけではないのです。「子どもらしさ」とは子どもが持っている性質というよりも、周囲が子どもに期待する振る舞いだということになります。

子どもだって「子どもらしく」振る舞うと、大人が喜ぶことを知っています。将来の夢を聞かれたときは、男の子であれば大きな「夢」を語ったり、テレビ番組のヒーローになりたいと言ったりすると反応がいいでしょう。それだけではなく、作文を書いたり、絵を描いたりするときには、完璧を目指すよりも、ちょっと隙《すき》があった方が「子どもらしい」作品に仕上がることを知っています。そうすると親も先生も「子どもらしいね」と高く評価してくれるはずです。褒《ほ》められると嬉しいから、子どもたちはどんどん「子どもらしく」振る舞うようになります。

それに加えて、男の子は〈男らしく〉、女の子は〈女らしく〉振る舞うと大人は喜びます。保育園や幼稚園では、男の子はおとなしく絵本を読んだりしないで、基本的に「活発」な様子で「元気」に外で遊んでいますし、女の子だって、写真を撮るときはいかにも「かわいい」ポーズをとることが多いはずです。目立っておとなしい男の子は「ひ弱」なのではないかと、あまりに活発な女の子は「おてんば」なのではないかと親に心配されます。

社会的なルールは自分の外側に存在するものです。親や先生はもちろんのこと、子どもたちはテレビやインターネットなどのメディアを通じても〈男らしさ〉／〈女らしさ〉を学んでいきます。原作の時代性はあるにせよ、『ドラえもん』、『ちびまる子ちゃん』、あるいは、『クレヨンしんちゃん』といった放送中の人気アニメでも、いまだに母親は専業主婦ですよね。

もちろん、日本には『プリキュア』シリーズのように女の子が戦うアニメもありますから、単純な〈女らしさ〉だけを学ぶわけではないでしょう。いずれにしても、社会的なルールを学び、実践できるようになることが、「社会の一員になる」ことでもあります。アニメにおける戦闘する少女の登場などのように多少の変化はあるにせよ、このようにして、共有されたルールは基本的に過去から現在、そして、未来へと受け継がれていきます。

〈男らしさ〉・〈女らしさ〉とは何か

いままで定義をせずにみなさんの持つイメージを前提に使ってきましたが、〈男らしさ〉／

〈女らしさ〉の定義とはどのようなものでしょうか。〈男らしさ〉とは競争を優位に進めるために求められる特性であり、〈女らしさ〉とは人と協調して生活するために求められる特性であるとまとめることができます。

詳しくは第2章であつかいますが、それがどのような形で体現されるかは、いつでもどこでも同じではありません。ここで大切なことは、まず、〈男らしさ〉/〈女らしさ〉に普遍的な形態があるわけではないということ、そして、一見すると変化があるようでも、〈男らしさ〉/〈女らしさ〉がそれぞれ競争/協調に対応しているかぎり、男女の関係性は男がリードする側/女はリードされる側になるということです。

夫唱婦随《ふしょうふずい》という言葉があるように、女性が男性に従う社会では、男性はいまよりも寡黙《かもく》なのが「普通」でした。現代の日本では、一九九〇年代から二〇年以上にわたってアイドルとして活躍したSMAPが象徴していますが、外見がいいのはもちろんのこと、歌えて踊れて、しかも面白い男性が魅力的だとされています。みなさんの世代では嵐の方が分かりやすいかもしれません。櫻井翔さんは、ニュース番組でキャスターもされていますから知的な印象もありますね。マルチな才能があるという点では、新しい恋愛観や結婚観を描いた『逃げるは恥だが役に立つ』のテレビドラマ版で新垣結衣さんと共演した星野源さんもそうです。歌手や俳優だけではなく、文筆業やラジオのパーソナリティとしても活躍されています。

いまでも〈男らしさ〉という言葉からは、たくましくて勇ましい男性像を連想する人が少なくないはずです。しかし、芸能界だけではなく、就活ではコミュニケーション能力の高さが必要だと強調されていることからも分かるように、それだけでは競争に勝つことはできません。どのような形で能力が発揮されるにしても、競争を通じて社会のなかで価値があるとされている目標を成し遂げること、つまり、男性は達成によって自らの〈男らしさ〉を証明できるのです。

もちろん、競争ですから、受験、就活、そして、社内の出世レースでもそこには常に敗者がいます。そのため、特に達成できない男性に目立ちますが、社会のルールを破ること、つまり、逸脱によって自らの〈男らしさ〉を証明するパターンも見られます。

かつての暴走族のような集団が典型的なのですが、みなさんの世代では不良を実際に見たことすらないかもしれません。一九八二年に四万二五一〇人もいた暴走族は、二〇〇三年には二万人を割っており、その後も急速に数を減らして二〇一七年には五〇〇〇人ぐらいにな

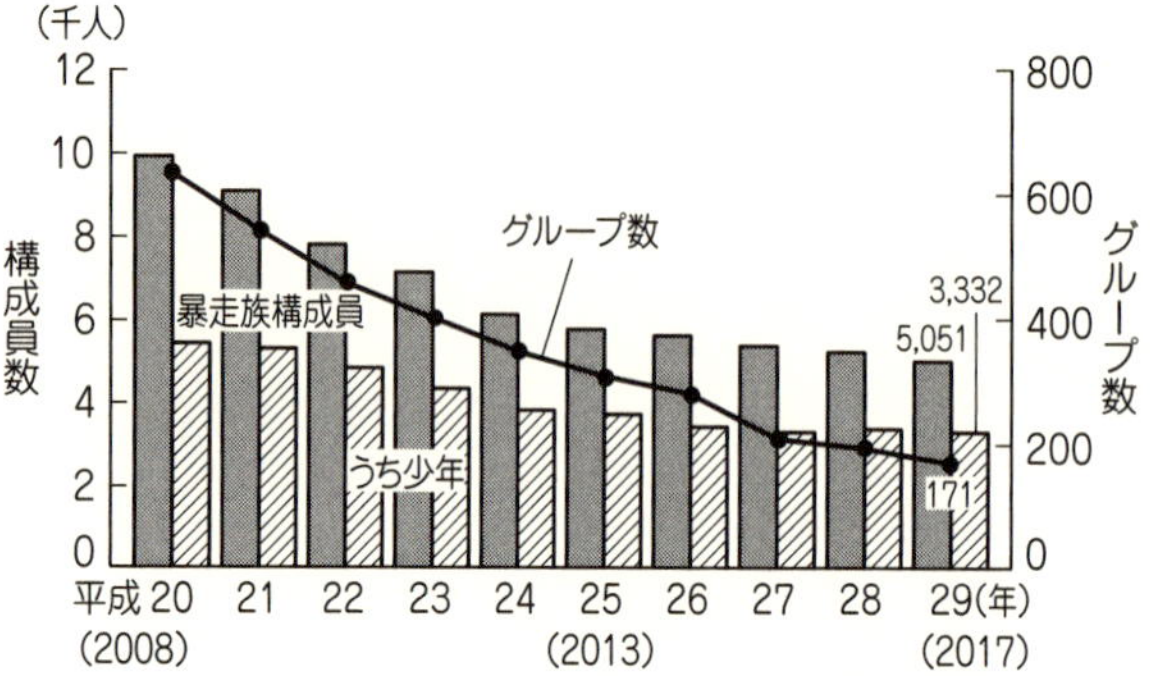

図 1.3　暴走族の構成員数・グループ数の推移
（法務省『平成 30 年版 犯罪白書』より）

ってしまいました（図1・3）。もはや積極的に保護しなければ滅びてしまうレベルです。

なので、逸脱による〈男らしさ〉の証明の現在の具体例を出してみましょう。みなさんは「昨日、寝てないわ〜」と友人に言ってしまったことはありませんか。人は本来的に十分な睡眠を取るべき生き物です。それなのに寝てない俺は「すごい」という理屈です。あるいは、試験前に「勉強してないわ〜」なんて言ってしまうこともあるはずです。高校生の本分として試験勉強をするべきですが、そこから逸脱することによって自らの〈男らしさ〉を主張していることになります。

達成にせよ逸脱にせよ〈男らしさ〉を証明したい男性たちを、サポートするのは協調を求められる女性たちです。スーパーマンやバットマンといった複数のヒーローが登場するアメリカ映画『ジャスティスリーグ』(二〇一七年)では、唯一の女性であるワンダーウーマンがなかなか仲良くできない男性陣を上手に取り持っています。さきほど、男はリードする側／女はリードされる側であると言いましたが、こうした事例をふまえると、男女の関係性には男はお世話される側／女はお世話する側という面もあることが見えてきます。

「男子って本当にダメなんだから」という女子のセリフが聞こえてきそうな場面は、高校生活のなかにはたくさんあるでしょう。一見すると女性が上のようですが、リードする側の男性をお世話する側の女性がサポートしているだけで、立場が逆転しているわけではありません。

男はリードされる側／女はリードされる側、そして、男はお世話される側／女はお世話する側というルールによって、生活の場面では、男は仕事、女は家庭という役割の分業が「自然」に見えますし、ニュースやバラエティなどのテレビ番組では、メインが男性でサブが女性という構図が「普通」とされるわけです。

女子が言う「すごい」に隠された意味

男性と女性は、男はリードする側／女はリードされる側であり、加えて、男はお世話される側／女はお世話する側という関係にあります。これを反映しているのが、女性が男性に言うと喜ばれる「さしすせそ」です。「さ」は「さすが」、「し」は「知らなかった」、「す」は「すごい」、「せ」は「センスいいですね」、「そ」は「そうなんですか」となっています。

女性が「すごいですね。知らなかった。そうなんですか！」と受け答えをしていれば、世の多くの男性たちはいくらでも話を続けるはずです。テストでいい点数を取ったり、ちょっとした校則違反を犯したりしたときに、女子が「すごい！」と言ってくれたら嬉しい男子も多いのではないでしょうか。女性が立ててくれると、達成にせよ逸脱にせよ、男性は容易に自分の〈男らしさ〉を確認することができます。

些細なことだと思うかもしれませんが、日々のコミュニケーションの小さな積み重ねによって、男女の関係性はいつまでも不平等なままなのです。そうした問題意識から、大学の授業で、「女性は男性に対して簡単に「すごい」と言ってはいけない」と注意を促しました。

すると、次のように授業の感想を書いてきた女子学生がいました。

「先生は男性に「すごい」と言ってはダメだとおっしゃいますが、女性が言う「すごい」は、あくまで「バカだね」が省略されたものです。私たちは男性に「すごい（バカだね）」と伝えているんです」。

これを読んだとき、まさに目から鱗《うろこ》が落ちました。女性たちは単に従順に振舞っているわけではなかったのです。誰でも同じだと思いますが、人の自慢話は聞いていて本当に面白くないですよね。全国模試で何位だったというエピソードを何度も聞きたい人はいないでしょう。それでも、女性の場合、男性はおだててあげない

と不機嫌になってしまうので、「すごい」と口に出さなければなりません。心の中で「バカだね」とつぶやいて、うさを晴らすのは当然です。

ルールを破ったというエピソードは、単純に人の迷惑になる話ばかりです。大学で聞いてみたところ、過去に「廊下に消火器の中身をぶちまけたことがある」というくだらない自慢を男子からされた女子が複数いました。「すごいバカだね」とちゃんと伝えてあげたいところです。

男子のみなさんは、女子から「すごい」と言われたときには、自動的に「バカだね」をつけるクセをつけてください。そのような訓練を積んでおけば、学校はもちろんのこと、将来的には職場でも私生活でも余計な負担を女性にかけず、コミュニケーションがとれるようになります。ついでに言えば、SNSで炎上することもないでしょう。

せっかくなのでつけ加えておくと、さらにたちが悪いと個人的に思っているのが、達成も逸脱もできるというアピールです。頭がいいけど、悪いこともできる俺は「すごい」というわけです。こうしたケースでは、受験、就活、そして、出世レースで勝ち抜いてきたという「自信」があるので、もはや女性からの視線や評価を気にする必要がありません。そのため、宴会芸としての裸踊りのように逸脱の度合いが高くなり、はたから見れば少しも面白くない内輪ウケになりがちです。

「一流企業」が「男社会」だった時代は終わりつつあります。職場に女性や外国人などが増え、多様な人が一緒に働くようになる流れのなかで、こうしたノリは確実に廃れていきます。それ以上に、子どもの頃から散々煽《あお》られて、競争に勝った先にあるのが、男ばかりの集団のなかで内輪ウケに興じることだというところに虚しさを感じませんか。

男ならではの不自由

リードされる側であり、お世話する側でもある女性は、家庭では家事や育児、それに、介護などを無償で引き受けています。仕事の面でも、女性の多い職場は待遇が良くないことが多く、また、同じ会社で働いていても補助的な仕事をするので男性よりも賃金が低いという問題があります。

共働きが増えているのに、日本では男性の家事時間が長くなっていません。総務省の調査によれば、六歳未満の子どもを持つ共働き世帯でも、夫婦間で家事・育児時間に大きな差があることが明らかになっています（『平成二八年社会生活基本調査』）。女性の負担が重くなるばかりです。こうした背景もあって、女性が一人で家庭での役割を担うワンオペ家事・育児という言葉が注目されたわけです。

そもそも、「ガラスの天井」にぶつかる女性は女性だからという理由だけで諦めなくてはならないことがたくさんあるのに、男性は男性だからという理由だけでずいぶんと好き勝手に振る舞えます。男女の不平等が根強く残る日本で、男として生きることは大変お得なのです。

女性差別によって自分が利益を得ることについて、男子のみなさんはどのように感じますか。家庭や職業のことはまだなかなか実感しにくいかもしれません。多浪生については男女の対比では語れないので置いておくとして、二〇一八年に不正が発覚した東京医科大学の入試では、本来ならば合格していたはずの女子を押し退けて、その分の定員を男子に回していたことが明らかになりました。

それは良くないことだと考える男子がいる一方で、正直、ラッキーと思う男子も少なくないかもしれません。受験、就活、そして、社内の出世レースはすべて競争ですから、依怙贔屓《えこひい》《き》があればそれだけ有利に戦いを進められますし、ライバルは少ない方が勝つチャンスは増えます。

社会の問題と個人の損得のどちらを大切にするかは、今後の人生にとって重要な判断になるので、最後の章で改めて考えます。この時点で指摘しておきたいのは、女性を差別することで、男性が不自由になっている側面があるのではないかということです。

医師にかぎらず、職業の領域で男性が優遇されているのは、四〇年にわたって働き続けることが前提とされているからです。仕事を辞めるのはもちろんのこと、育児や介護、あるいは、自身の体調不良といった理由で長期間休むことさえ想定されていません。加えて、一日八時間、週四〇時間は「最低限」で、それ以上が「普通」という働き方が求められます。「最低限」は絶対にクリアしなければならないので、風邪薬のＣＭで「絶対に休めないあなたへ」などという表現が使われるのです。

女性の場合、収入に関して安心はできませんが、仕事に縛られにくいという意味では自由です。もちろん、そうは言っても、収入は生活に直結しますから、職業の領域で冷遇されている女性の抱える問題は深刻です。男性の場合は、確かに、収入の点では安心かもしれませんが、みなさんの世代ではおそらく七〇代になっても働くことを考えれば、五〇年以上にわたって仕事ばかりの時間をすごすことになります。

もし、女性差別は男である自分には無関係だと思っていたなら、この問題を良くないと受け止めていたにせよ、ラッキーだと受け止めていたにせよ、見方を変える必要があります。男女の関係性はコインの裏表のようなものです。男女平等の実現は、女性の安心のためだけではなく、男性の自由のためでもあるのです。性別が生き方に与える影響という問題は、決して男性にとっても他人事ではありません。

第２章
「男は仕事、女は家庭」の過去・現在・未来

性別役割分業の歴史

高校生のみなさんにとって、歴史は小学校の頃から勉強し続けてきたわけですから、とても馴染《なじ》み深いものだと思います。でも、受験に使うという理由はなしとしたら、歴史を学ぶ理由を答えられますか。あるいは、歴史とは何かという問いに答えることができるでしょうか。

当たり前のことですが、世の中のあらゆる出来事を記述し尽くすことはできません。それはたった一人の人物についてさえ不可能です。そのため、歴史家は社会で起きた「重要」な事実を歴史として位置づけると同時に、「瑣末《さまつ》」な事実を歴史から除外します。

どのような事実に意味を見出すかには、その時代と社会の価値観が反映されます。歴史家は常に現時点から振り返って事実を取捨選択するわけです。したがって、かつては「瑣末」とされた出来事が「重要」な事実として評価されることもありますし、逆に、かつては「重要」とされていた出来事が「瑣末」な事実と見なされることもあります。歴史は不変ではなく、現在を生きる歴史家と過去との対話を通じて形成されます。

誤解しないでほしいのですが、歴史を好きに作り出していいという意味ではありません。事実に基づかない空想的な物語によって、自分勝手に過去を再解釈しようとする思想を歴史修正主義と言います。あくまでも蓄積されてきた学問の理論と方法に基づいて、歴史家が誠実に過去と対峙《たいじ》することによって歴史は作られていくのです。

未来を感じさせる言葉に人々は魅了されがちです。現代の日本では、AIや仮想通貨がそれにあたります。気をつけなければならないのは、未来について雄弁に語っているとき、そこでは過去への目配りが疎かになっているだけではなく、現在さえも見失っている危険性があることです。過去から現在の連続性と非連続性を把握し、いまを正確につかむこと、これが歴史を学ぶ意義の一つです。

そう思っている人もいるかもしれませんが、「男は仕事、女は家庭」という性別役割分業は日本の「伝統」ではありません。高度成長期につくられたものです。現代の日本の現状を把握するために、ここで考えてみたいのは、高度成長期から現在に至るまでの間に、「男は仕事、女は家庭」という役割がいかにして形成され、その後、どのように変化したのか、あるいは、変化しなかったのかです。

歴史が客観的にとらえられるようになるには、六〇年はかかるとも言われています。言葉をかえれば、現在に近ければ近いほど、人は主観から逃れられないということです。そうした制約をふまえながらも、高度成長期から話をはじめるのは、性別役割分業を前提とする社会システムと生活スタイルが定着した時期だからです。

すでに指摘したように、人々の意識は先へ先へと向かう傾向があります。本来は、戦後、明治維新、あるいは、江戸時代までさかのぼることも可能です。しかし、少しでも視線を過去に向けてもらうために、みなさんにとって身近に感じられる時代をあつかいたいと思います。

ここ数十年の男女の関係性について考える際に、フェミニズムは重要なキーワードです。みなさんの世代だと、フェミニズムと言えば、映画『ハリー・ポッター』シリーズでハーマイオニーを演じたエマ・ワトソンを思い浮かべる人も多いはずです。二〇一四年から国連のUN Women 親善大使を務め、フェミニストとして、積極的にメッセージを発信しています。あるいは、ツイッターでいつも論争をしている人たちという否定的なイメージを持っているかもしれません。

いずれにしても、フェミニズムについての知識は断片的だと思います。それでは、例えば、#MeToo運動のような現在の出来事を正確に理解することはできません。そのため、男社会に対する女性からの異議申し立てにも言及していきます。

「夢」としてのサラリーマン

大卒が学士様と崇《あが》められていた時代、サラリーマンは社会的なエリートでした。それは単に男性にとって「理想」であっただけではありません。一九五〇年代後半には、「理想」の結婚相手として、女性から開業医よりも人気があったそうです。まだ、農業や個人商店などで人々が生活の糧を得ていた時代に、経済的に安定しているサラリーマンは、「いい学校↓いい会社↓いい家庭↓いい人生」というライフコースを広める役割を果たしました。

高度成長期を通じて、サラリーマンは多くの男性とその家族にとって遥か彼方《かなた》の「理想」から、たどり着けるかもしれない「夢」へと変化します。現在では、社会人という言葉の使われ方からも分かるように、社会が企業社会を意味することが少なくありません。また、働くと言えば、ほぼ自動的に会社での仕事を想像するでしょう。それだけ日本社会において、企業の存在感が強くなっていったことが分かります。

しばしば右肩上がりと表現されるこの時代ですが、実際には、好況と不況の繰り返しでした。重要なのは、全体的に高い経済成長率を保っていたこと、そして、何より不況の後には必ず好況がやってくると信じられたことです。このような安心感をベースに、地方から東京、大阪、名古屋といった大都市に多くの若者が集まります。

一九六〇年代の終わり頃には、恋愛結婚がお見合い結婚を上回りました(図2・1)。いまから見れば、「当たり前」にすぎませんが、若者は職業も結婚相手も自分で選べるようになりました。若者たちは自由恋愛によって結ばれ、プロポーズからハネムーンまで商品化された結婚をめぐる一連の儀式を経て、家族を形成していきます。

意識の上でも一緒に住むという意味でも、家族の範囲は夫婦とその子どもまでになり、祖父母は含まれなくなっていきました。子どもが生まれる場所も変わります。一九五五年には、助産師(当時は助産婦)などに訪問してもらって、約八〇%の赤ちゃんが自宅で生まれていま

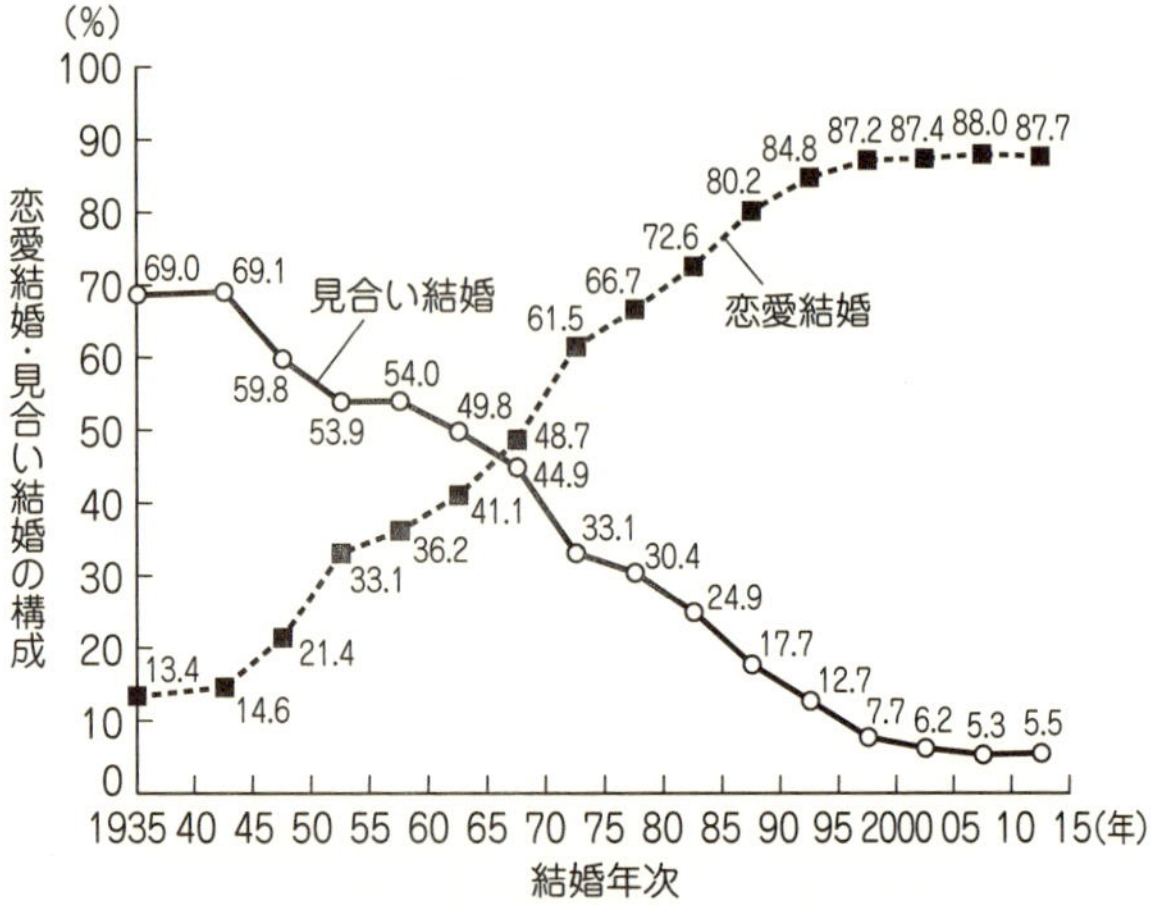

図 2.1 恋愛結婚・見合い結婚構成の推移
（国立社会保障・人口問題研究所『第 15 回（2010〜14 年）出生動向基本調査』をもとに作成）

したが、一九七〇年代には、ほとんどが病院で誕生するようになります。

終身雇用と年功序列の賃金制度によって身分が保証された男性は定年まで働き続け、女性は結婚、妊娠、そして、第一子出産までには退職して専業主婦になりました。一九六一年に導入された配偶者控除は、男女のどちらが主な稼ぎ手でも利用できる制度ですが、結果として男性に比べて賃金が低く、待遇も悪い女性が、主婦かパートになるのを促しました。こうして一九七〇年代は、いままでで最も主婦が多い時代となります。「男は仕事、女は家庭」という性別役割分業の成立です。

このようにして、「男は仕事、女は家庭」という分業が人々の間に浸透し、「普通」の生活スタイルとして定着したのです。以降、日本の社会システムは、性別役割分業を基盤に回るようになります。男性は定年まで働き続けるという前提が常に維持され、社会の状況に合わせて女性の働き方だけが変わっていきます。この点に注目し、女性が主婦になるタイプの性別役割分業を、ここでは第一形態と呼びたいと思います。

「夢」から「平凡」の象徴へ

高度成長は大量生産・大量消費に支えられていました。よく知られているように、一九五〇年代後半に普及した白黒テレビ、洗濯機、そして、冷蔵庫のいわゆる三種の神器《じんぎ》は、人々の生活スタイルを大きく変化させます。テレビはそれまで街頭で観るものだったわけですし、洗濯は洗濯板を使っておこなう重労働でした。

注意する必要があるのは、「夢」はあくまで競争を促すための原動力である以上、現実には誰にでも手に入れられるわけではなかった点です。「夢」としてのサラリーマンは、実際の平均的な人々の生活水準よりも高めに設定されていました。とりわけ一九六〇年代に「三C」と言われたカー、クーラー、カラーテレビは、どこの家庭にも普及したのではなく、あくまで人々が欲しいと願った「夢」の耐久消費財だったのです。

興味深い事実があります。一九七〇年代半ばには、富裕層の半数程度しか自分たちの暮らしぶりを「中の上」としか認識していませんでしたが、他方で、経済的には貧困層に位置づけられる人々でも、それなりの数が自分たちを「中の上」と考えていたのです。高度成長の恩恵が広い範囲に行き渡っていたため、ある程度の経済格差があったとしても、日本で暮らす人々が一体感を持てたのでしょう。

経済的な格差は縮小しますが、一流企業で働く男性ほど恩恵が大きかったのは事実です。受験、就活、そして、社内の出世レースで勝つことが、多くの男性にとって人生の大きな目標となりました。

その後、「働くこと」がほぼ「会社に雇われて働くこと」と同義になっていくなかで、サラリーマンは「夢」から「平凡」へと転落します。一九八〇年代後半には、「社畜《しゃちく》」という現代でも「平凡」なサラリーマンを揶揄《やゆ》する定番の言葉が登場しました。

ところで、サラリーマンの服装と言えば、スーツにネクタイというイメージですよね。いかにしてこのスタイルは定着していったのでしょうか。かつてオーダーのスーツに対して、出来合いのスーツはハンガーにつるされて売られていることから、ちょっとした蔑《さげす》みの意味も込めて「つるし」と呼ばれていました。本来、スーツは採寸、生地選びからはじまり、完成までには時間がかかります。価格の面でもエリート以外には手の届かない高級品だったのです。

会社で働くことが一般化するのに合わせて、販売される場所も庶民的になります。一九六〇年代には百貨店、一九七〇年代になるとスーパーや紳士服量販店に既製品のスーツが大量に並びました。ネクタイで自分らしさが出せるかといえば、そうでもありません。目立つ色やデザインよりもむしろ、「まとも」な組織人である証拠として、地味な色味やデザインのネクタイを締めるようになっていきます。

スーツの色は紺か黒が主流で、どれも同じような形をした非個性的なスタイルは、勤務中にかぎらず、身につけておけばどこへ行っても何をしても「失礼」はない服装として定着しました。仕事中心の生き方をする上で、着替えが必要ないのは便利だったわけです。大人の男性の「まともさ」はその「平凡さ」によって表現されるということでしょう。

先日、ある中年男性から聞いたのですが、入社三〇年を記念して同期とハワイ旅行をした際に、一人だけスーツで来た方がいたそうです。「失礼」がないというのは、あくまで日本国内にかぎった話で、ハワイでは常夏の太陽に「失礼」です。長年、企業社会にどっぷりつかっていると、外の世界の「常識」が分からなくなってしまうかもしれません。

「私、作る人、僕、食べる人」な社会システムへの抗議

一九七五年に放送されたハウス食品「シャンメンしょうゆ味」のCMで「私、作る人、僕、食べる人」というキャッチフレーズが使用されます。先ほど述べたように、一九七〇年代は専業主婦が最も多かった時代です。女性が料理を作り、男性がそれを食べるのは、単に時代の実態を反映しているだけとも言えます。

しかし、この表現は、「国際婦人年をきっかけとして行動を起こす女たちの会」から抗議

を受けます。性別役割分業が定着している社会で、その現実を描いたCMがどうして批判されたのでしょうか。

そこには二つの理由があります。第一に、このようなCMによって男女に対する固定的なイメージが定着してしまうからです。実際にはその内部に多様性があり、人を男女というたった二つのカテゴリーに分類するのは無理があります。

第二に、性別役割分業が「普通」になってしまうと、女性の経済的な自立が妨げられてしまうからです。現代の社会ではお金がなければ暮らしていけません。自分の生活を自分の稼ぎで支えられなければ、家庭内ではもちろんのこと、社会でも立場が弱くなってしまいます。「女は家庭」というルールは、結婚した女性をそうした状態に追い詰めることになるのです。抗議を受けてCMは放送中止になります。

女性が女性であるがゆえに抱えてしまう悩みや葛藤は、社会運動のなかで主張されただけではありません。背景としての社会構造や文脈としての歴史をふまえた研究もなされていました。それが「女性学」です。すでにいまから四〇年以上前の一九七四年には日本で最初の講座が、和光大学で開かれています。社会学者で女性学の第一人者である井上輝子さんは、女性学を「女性を考察の対象とした、女性のための、女性による学問」と定義しました（和光大学HP『女性学とその周辺』より）。

一九七〇年代以降のフェミニズム運動は、井上さんによれば、「ミス・コンテスト反対、性差別的広告の批判、雇用平等法制定運動、セクシュアル・ハラスメントの告発など、多様な展開」を見せていました。現代でも男女の不平等は解消されていませんが、こうしたことから理解できるように、日本では社会のあらゆる領域にいまよりも深刻な女性差別が存在していたのです。そのため、男女平等の達成を目指して、女性たち自身が女性の置かれている社会的な立場について考え、行動することを支援できる学問が求められたのです。

その後、一九八五年には男女雇用機会均等法など成果もあげていきますが、性別役割分業を前提とする社会システムは維持されます。均等法以降は、男性が重要な仕事をし、女性は補助的な仕事をするという会社での役割分担を維持するために、企業は総合職と一般職を設けるようになりました。建前上は法律にしたがって性別を特定した採用をやめましたが、実質的には総合職は男性、一般職は女性という区別をしていたのです。変化に対して小手先の対策で現状を保とうとする姿勢は、企業にかぎらず日本では多くの場面で目にするものですが、確実に将来にツケを回していくことになります。

二四時間たたかう亭主は、元気で留守がいい

戦後、焦土からスタートした日本は、わずか四半世紀の間に経済的な繁栄に至りました。高度成長期を通じた敗戦からの復興によって、人々は自信を取り戻したと言えます。ただ、いつまでも成長が続くわけではありません。一九七一年のニクソンショックと一九七三年の第一次オイルショックをきっかけに、日本は戦後最大の不況に陥りました。

一九七〇年代は日本のみならず、アメリカでもヨーロッパでも、大量生産・大量消費によって回る社会システムが市場の飽和という限界を迎えつつあった時代です。この危機に対して、日本の企業は正社員を守るために、雇用の調整や残業時間の短縮に取り組みました。さらには、官民一体となった鉄鋼、造船、あるいは石油化学などからハイテク型産業への移行のような産業構造改革をおこなって、その努力が実を結び、この危機を乗り越えることができました。

他国の景気回復が遅れるなか、一九七四年から一九九〇年まで、日本は安定成長期にあったわけですが、その結果として、既存の社会システムの見直しは進みませんでした。性別役割分業が相変わらず前提となっていたのです。成長の鈍化とそれに伴う経営の効率化によって、会社から求められる仕事はかつてよりも負担が大きくなります。こうした時代状況は、会社に過剰に適応し、一致団結して競争に勝つことを目指す「企業戦士」や「会社人間」を生み出していきます。

また、一九七〇年代半ばからはサラリーマン金融、いわゆるサラ金も社会問題になります。高度成長期のようには給料が上がらないのに、同じ感覚で借金をした人たちが返済できなくなりました。サラ金は高金利で簡単に貸し出しをしますが、取り立てが非常に厳しいという特徴があります。それは返済に苦しむ人々を、夜逃げや自殺に追い込むほどのものだったのです。

そうした負の側面に対する反省がなされないままに、高度成長期を通じて取り戻した自信は、やがて慢心へと転じることになります。おごりがピークに達するのが一九八〇年代末から始まるバブルです。

バブル期の就職活動では、「面接に行けば内定、行かなくても内定」と言われていたそうです。企業で新入社員採用を担当するリクルーターは、学生たちを「接待」するのはもちろんのこと、内定後は、他の会社との接点を持たせないために旅行に連れていくことさえありました。

現代では移動にタクシーは贅沢《ぜいたく》な感じがしますよね。当時は、とりわけ夜の繁華街《はんかがい》ではあまりに乗客が多く、タクシーを捕まえることさえできないほどでした。嘘か本当か、一万円札を見せつけるようにタクシーにむけて手を上げていたというエピソードもあります。おつりはチップというアピールです。株価は一九八九年一二月には三万八九一五円を記録します。日本企業による海外企業の買収も盛んになされました。

当時の雰囲気を、俳優の時任三郎さんが出演した栄養ドリンク「リゲイン」のＣＭは上手に表現しています。「二四時間戦えますか」は有名なフレーズです。このＣＭのテーマ曲「勇気のしるし」（黒田秀樹作詞・近藤達郎作曲）のなかで、世界で戦える強い「ジャパニーズビジネスマン」であれと高らかに歌われていました。企業戦士は世界を股にかけてビジネスをするからこそ、二四時間にわたって目を開け続けなければならないわけです。

一方で、同時期には、栄養ドリンク「グロンサン」のCMにタレントの高田純次さんが出演していました。いい意味で適当な印象の強い高田さんですが、このCMで演じたキャラクターもそのイメージ通りのものです。「五時から男のグロンサン」というフレーズが象徴するように、仕事よりも終業後の飲み会や遊びを楽しみにしているサラリーマンの姿を描きました。高校生でも授業より放課後の部活や遊びが好きな人もいるでしょう。

仕事にせよ遊びにせよ、二つのCMで描かれたサラリーマンは家にいない点は共通しています。一九八六年には、防虫剤の「タンスにゴン」のCMで、専業主婦の妻たちが地域の集会で「亭主元気で留守がいい」と口にする様子がコミカルに描かれています。性別役割分業がすっかり定着するなか、男性と女性はまったく別の「社会」を生きるようになったのです。

夫は政治や経済、妻は教育や地域というように、興味や関心がズレていくことになります。一緒に暮らしていても話が合わず、たまに夫が家にいるとそれにストレスを感じる妻も出てきました。男性の側から見ると、「仕事さえしていればいい」という意識で働き続けるなかで、本来、重要な居場所であるはずの家庭で孤立していたわけです。

リストラと新規雇用の抑制

一九九〇年代前半、バブルはあっけなく崩壊しました。ただ、それは後から振り返って分かることで、一九九五年まで家庭の支出は減少していません。繰り返しになりますが、何が起きたかを理解できるようになるためには、やはり時間の経過が必要なのです。

一九九七年にはアジア通貨危機をきっかけに、大企業の倒産が相次ぎ、誰もが経済的な停滞を自覚するようになりました。ここから現代に至るまで、日本は低成長期になります。高校生のみなさんは、こうした時代に生まれ、育っているのです。

安定成長が終わると、サラリーマンの夫の稼ぎだけでは生活が立ちいかなくなります。専業主婦をしていた女性たちは、パートとして働くようになりました。男女平等について議論をする際に、一九九〇年代後半には専業主婦世帯を共働き世帯が上回ったというデータが提示されることがあります(図２・２)。とっくに共働きが「普通」なんだというわけです。しかし、このデータで留意したいのは、共働き世帯の雇用形態です。夫も妻も、正規でフルタイムの共働きであるかまで示していない点に注意が必要です。「どうあるべきか」を考える

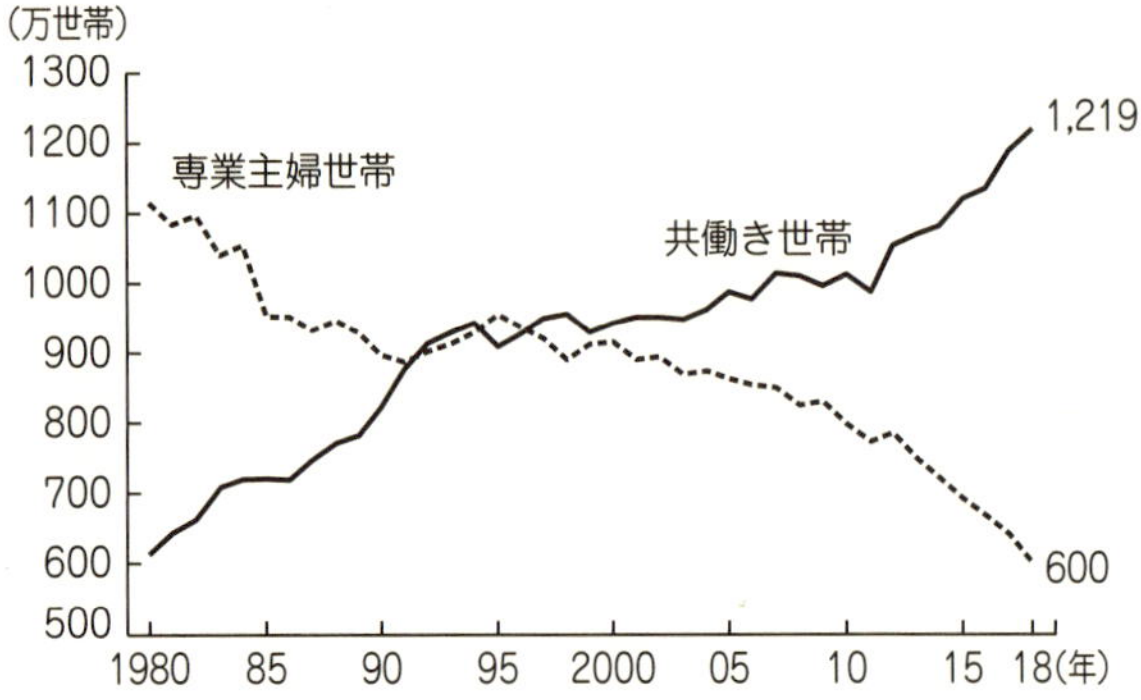

図 2.2　専業主婦世帯と共働き世帯の推移
(独立行政法人労働政策研究・研修機構「グラフで見る長期労働統計 II労働力，就業，雇用」をもとに作成)

ことは重要ですが、その前に「どうあるか」を正確に把握する必要があります。

女性がパートとして働いていても、基本的には「男は仕事、女は家庭」という役割に変化はありません。相変わらず男性は仕事に専念し、女性がパートに加えて、家事や育児、そして地域の活動を担いました。このように女性が主婦＋パートをするタイプの性別役割分業を、第二形態と呼びたいと思います。

二〇〇〇年前後には中高年男性のリストラが社会問題となり、会社に依存する「サラリーマン的な生き方の危機」が叫ばれました。しかし、マスメディアでこの問題について多くの特集が組まれても、共感を集めたのはリストラされた中高年男性が何とか新たな働き口を見つけようと奮闘する姿ばかりです。当時、仕事中心以外の男性の生き方は想像もつかなかったのでしょう。

若者に目を向けると、一九九四年には「就職氷河期」が流行語となります。一九九二年から二〇〇二年にかけて、厳しい就職状況が続きました。一九九〇年に二・七七だった大卒の求人倍率は、二〇〇〇年には一を割る〇・九九を記録します。高卒でも一九九〇年に二・五七だった求人倍率が、二〇〇三年には一・二一にまで落ち込みました（『平成二一年版　厚生労働白書』）。

「就職氷河期」が流行語になった一九九四年でさえ、この数字は大卒で一・五五、高卒は二・四六でした。なぜ、求人倍率はここまで急落したのでしょうか。経済学者の玄田有史さんは、若者の就職機会の減少について、中高年の雇用を守るために新規雇用が抑制されるという側面があったと著書（『仕事のなかの曖昧な不安』中央公論新社）のなかで指摘します。

しかし、格差に注目が集まりはじめた二〇〇〇年代の前半においてさえ、低収入の若者の増加は、自己責任の問題として論じられたり、経済や社会保障制度に悪影響をもたらすと批判されたりしていました。それに対して、玄田さんは一貫して若者を支援する立場から議論を展開していきます。

新規雇用の抑制に続いて、玄田さんが注目したのは「ニート」です。「ニート」とは一五歳から二四歳の若者で、「就職も進学もしない人々」のことです。その数は一九九七年には五九万人でしたが、二〇〇三年には八九万人へと増加します。さらに、「就職も進学もしない人々」の内で「就職希望もない人々」は、一九九七年の八万人から二〇〇〇年には一七万人となり、二〇〇三年では四〇万人にも上ったのです。こうした困難に直面する人々を救うために、玄田さんは「ニート」という言葉を使いました。高校生のみなさんからすると、ニートが若者を支援するための言葉であったことに違和感さえ覚えるかもしれません。いまでは働かない人を揶揄する言葉になっているからです。

若者が置かれている厳しい雇用環境については、偽装請負のキャンペーン報道をきっかけに、朝日新聞が世代論として展開します。求人倍率が低下した時期に就職活動をした一九七二年から一九八二年生まれの世代は、朝日新聞によってロストジェネレーションと名づけられました。ロストジェネレーションという名称は、格差社会における新たな世代論として注目を集めただけではなく、この世代が問題意識を共有する基盤にもなります。

若者の就職難については、より視野を広げて社会全体に与える影響を考える必要があります。高度成長期以降の日本の社会システムは、男性が四〇年に渡って働き続けることを前提に回ってきました。それによって、家のローンから子どもの学費まで、要するに家族が生活するための費用がほぼ賄《まかな》われているわけです。一家の大黒柱が職を失えば、家族全員が路頭に迷うことになります。大きな社会的混乱を招くのが明白ですから、結局、中高年男性の雇用には手がつけられません。これが性別役割分業の見直しがなかなか進まない根本的な原因だと考えられます。

若者にツケを押し付けることで現状維持に「成功」したわけですが、当時は国も企業も、いずれ景気が良くなったときに正社員にすればいいという認識もあったはずです。将来の予測は難しいとはいえ、先送りによって、就職氷河期世代の抱える問題はさらに深刻化していきます。国や企業で高い地位にあった男性たちが下した判断は、あまりにも楽観的で無責任だったと言えるでしょう。

女性の社会進出をめぐる現状

一九七〇年代以降、女性たちからの「男社会」に対する異議申し立てがなされてきましたが、地道に続いてきた活動は、一九九〇年代には目に見える成果をあげていきます。まず、ジェンダー論が学問領域の一つとして確立し、多くの大学で教えられるようになりました。この時代に大学でジェンダーを学んだ世代が、いまでは社会の様々な場所で活躍するようになっています。

男女の関係性を主体的に考えようとする男性たちも目立つようになりました。メンズリブの登場です。この運動と共に、男性が男性であるがゆえに抱えてしまう悩みや葛藤を対象とした学問である男性学も発展します。家族や性についてなど活動のなかで様々な「男性問題」が議論されましたが、とりわけ、仕事を中心とした男性の生き方は、大きな焦点の一つでした。

さらに、一九九九年には、男女共同参画社会基本法が成立します。男女共同参画社会とは、性別にかかわらず個性と能力を発揮できる社会のことですが、ここまで見てきたように日本では実現されているとは言い難い状況にあります。それに対して、性別を「自然」な区分として理解するのではなく、文化に書き込まれている社会的な男女をめぐるルール、つまり、ジェンダーとして把握して、制度や慣習にまで踏み込んで是正しようとする姿勢を示したのです。

こうした潮流に対して、強く反発する人々もでてきます。フェミニズムに対する反対運動で、バックラッシュと言います。すでに触れた歴史修正主義とも深く関係しますが、高度成長期に形成された性別役割分業を前提とした社会システムを「伝統」と考えるような人たちの目には、男女平等に向けた動きが「社会の秩序を壊す」と映りました。

実態に目をむけると、二〇〇〇年代の一〇年間でも第一子出産までに七〇％弱の女性が仕事を辞めていました。育児休業を取得して仕事を続ける女性が目立って増えるのは、二〇一〇年代になってからです。就業継続は育休を取らずに働く女性と合わせると四〇％近くにまで上がりました。

ただし、現代でも総合職と一般職の区別があり、女性の管理職比率が非常に低い日本では、男女で大きな賃金の格差があります。そのため、共働きでも、妻が時短勤務をして家事や育児を担う方が合理的になってしまいます。フルタイムの共働きであっても、性別役割分業の一つとして理解するべきです。

このように、女性が正社員として限定的な働き方をするタイプの性別役割分業を、第三形態とします。二〇一〇年代は女性活躍という言葉が盛んに使われました。しかし、きちんと統計を確認すれば、まだ六〇%近い女性が第一子出産までに退職していますし、フルタイムで働いていても女性が家事と育児をする必要があるならば、負担ばかりが重くなっているとも言えます。

進む未婚化

二〇〇〇年代には男女平等を目指すにせよ、それに反対するにせよ、夫婦と子ども二人を「標準」として理解するような人々の視野には入っていなかったようですが、性別役割分業を起点に回る社会システムの前提自体が崩れていきました。ここ二〇年で未婚化が急速に進んでいるのです。結婚しない男性が四人に一人になったという話を聞いたことがあるかもし

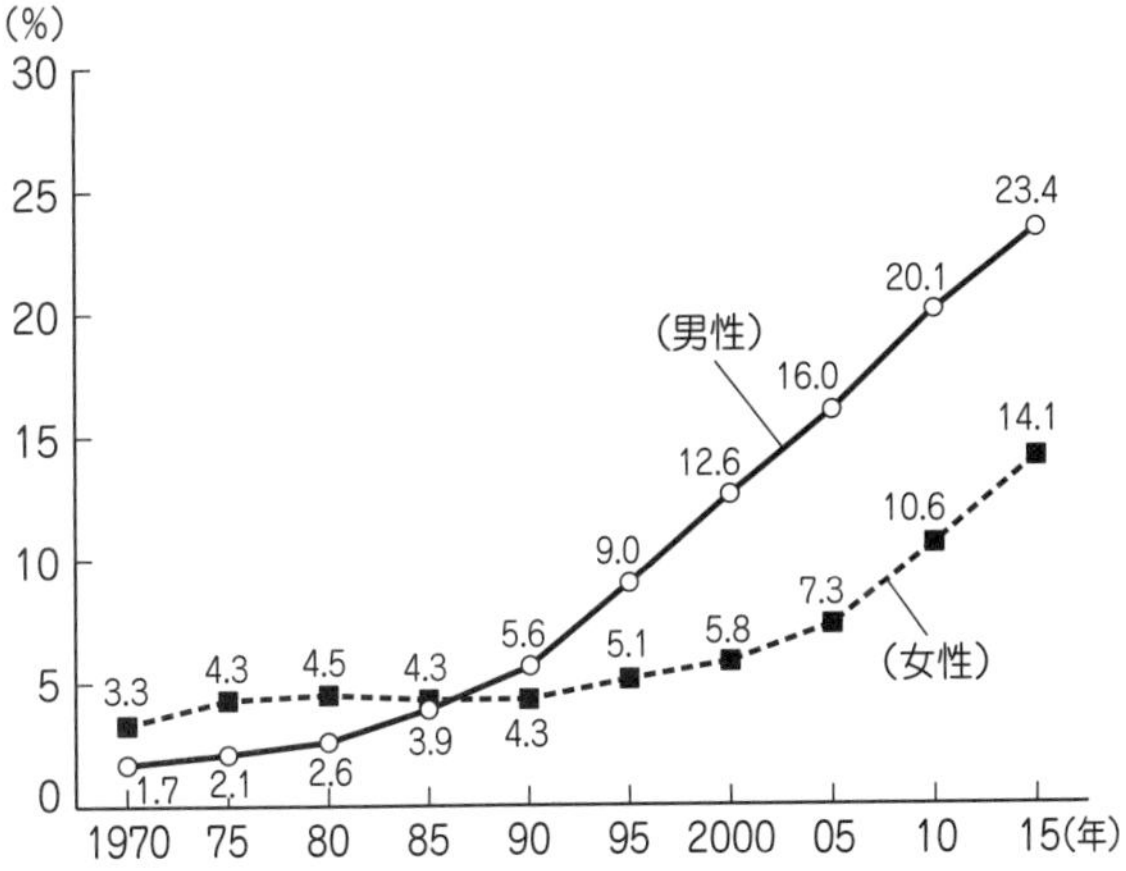

図 2.3　50 歳時の未婚割合の推移．1970〜2015 年までは各年の国勢調査に基づく実績値（国立社会保障・人口問題研究所「人口統計資料集 2017」をもとに作成）

れません。インパクトのある数字だと思います。

二〇一五年時点での男性の生涯未婚率は、二三・四％に達しました（図２・３）。生涯未婚率とは五〇歳時の数字であり、四五〜四九歳と五〇〜五四歳の未婚率の単純平均から算出されたものです。したがって、生涯未婚と言っても独身を続けるとはかぎらず、結婚する可能性は残っています。

一方、女性の生涯未婚率は一四・一％です。なぜこれほど男女で差があるのかは、気になるところでしょう。生涯未婚率の推移を見ると、一九八五年までは女性の方が高かったことが分かります。戦後しばらくの間は、男性よりも女性の数が多い時代が続きました。第二次世界大戦で、多くの男性が命を落としたからです。

生物学的に男性の方が女性よりも多く生まれてきます。戦争のような特殊な事情がなく、医療も進歩した現代の日本では、男性の数が女性を上回るのは当然です。一九七〇年代半ばに二〇代の男女の数は逆転し、これ以降、一貫して若い世代では男性余りの状態が続いています。もしみなさんが男女の数は同じだと思っていたなら、それは単なるイメージであり、事実ではありません。

ただ、男女の数の違いだけでは、一〇%もの差を説明するのは無理です。男女比に加えて、「夫再婚・妻初婚」の組み合わせの方が、「夫初婚・妻再婚」よりも多いことが一つの原因になっていると考えられます。この問題については、離婚した女性に対する偏見の根強さとして解釈することもできます。結婚する意思のある独身の男性が、離婚を経験した女性を結婚相手の対象から外すことによって、男性余りをさらに悪化させているのです。

二〇〇六年、アラフォー独身男性の姿をコミカルに描いたドラマ『結婚できない男』(関西テレビ企画・制作)で、阿部寛さん演じる四〇歳で独身の桑野信介が、「結婚できないんじゃなくてしないんですよ！」という「名言」を残しました。今日でもこのセリフを強がりだと受け止める人もいるはずです。『結婚できない男』は二〇一九年の秋に続編が放送されます。五三歳になったいまも独身の桑野はどのような存在として描かれるのでしょうか。

婚活という言葉が流行して以降、独身の男女が本心では結婚したがっているとしばしば主張されてきました。その根拠となっているのが、一八歳から三四歳までの未婚者は、九〇％近くが結婚の意思があるというデータです（国立社会保障・人口問題研究所「現代日本の結婚と出産」『第15回（二〇一五）出生動向基本調査報告書』）。実に男性の八五・七％、そして女性の八九・三％が、「いずれ結婚するつもり」と答えています。

注意する必要があるのは、この数字が「いずれ結婚するつもり」と「一生結婚するつもりはない」の二択によって導かれたものである点です。ほとんどすべての独身者が、あたかも結婚を望んでいるかのように見えます。しかし調査結果の裏には、こうしたからくりがあります。むしろ、この二択で男性では一二・〇％、女性でも八・〇％がきっぱりと生涯独身を宣言している点に注目すべきだと思います。

本来、回答者の身になって結婚に対する意識について知るつもりがあるならば、「結婚したい」、「なるべく結婚したい」、「どちらとも言えない」、「あまり結婚したくない」、「結婚したくない」ぐらいの選択肢は用意するべきです。

ちなみに、この選択肢で結婚の意志をたずねた調査もあります。二〇一一年に内閣府経済社会総合研究所少子化ユニットが二〇歳から五五歳の未婚男性を対象にして実施した「未婚男性の結婚・仕事に関する意識調査」の結果は次のようになっています。「結婚願望あり」(「結婚したい」「なるべく結婚したい」の合計)が四六・九%ですから、確かに、半数近い人が結婚を望んでいるようです。しかし、「結婚願望なし」(「あまり結婚したくない」「結婚したくない」の合計)が二二・四%となっていますので、だいたい四人に一人は結婚したいと考えていません。さらに、態度を保留している「どちらとも言えない」が三〇・七%もいるわけです。「いずれ結婚するつもり」と「一生結婚するつもりはない」の二択がいかに大雑把であるかが分かります。

現代の日本は、男性の四人に一人、女性でも七人に一人が五〇歳の時点で一度も結婚していないのです。結婚するのが「普通」だと考える人たちは認めたくないのかもしれませんが、生涯未婚率の上昇については、「結婚する気のない人が増えた」という極めて単純な事実を認める必要があります。

ただし、同調査では気になるデータもあります。同じ未婚男性でも正社員と非正社員で結婚の意志に差があるのです。正社員の場合、「結婚願望あり」が五二・六％と半数を超えていますが、非正社員では「結婚願望あり」は三九・六％にまで下がります。これについても婚活が必要だと騒がれはじめた頃から、年収の高い男性ほど結婚していて、年収の低い男性は結婚できないというデータが紹介されるようになりました。確かに、基本的には、年収が高くなるほど、既婚の男性は多くなっていきます。

正社員の年収が下がり、非正社員も増えた日本社会では現実的ではないのですが、男性は学校を卒業後すぐに正社員として働き、家族を養い守っていくという固定観念は残り続けています。そのため、収入の低い男性は男としての自信を喪失して結婚願望がなくなってしまうのだと考えられます。

草食男子の本当の意味

男性が恋愛や結婚に積極的になれないという話題を出すと、草食男子を想像する人がいるかもしれません。とても残念なことですが、この言葉にはそうしたネガティブなイメージがついてしまいました。二〇〇六年に登場した草食男子は、本来、「男はこうあらねばならない」とは考えないようなニュータイプの男子を指す褒め言葉だったのです。

草食男子は、『平成男子図鑑――リスペクト男子としらふ男子』(日経BP社)で、コラムニストの深澤真紀さんが取り上げた若者像の一つです。雑誌の編集者である深澤さんは、九〇年代前半に「セックスレスな男たち」という本の企画書を提出した際、役員の男性から「据え膳食わぬは男の恥と言ってね、こんなやつは男ではない」と言われ、企画を却下された経験を持っています。

深澤さんは、「もてないわけではないのに、恋愛にもセックスにもがっつかない。おやじ世代には、存在そのものが信じられない、それが草食男子なのです」と説明しています。タイトルとは異なり、この本の主眼は、多様な男子の類型を紹介することよりも、中高年の男性と若年層の男性とのギャップを確認する点に置かれています。さらに、深澤さんは若い男性の特徴を肯定的に描き出し、変化しつつある男性の行動や価値観を、中高年男性や女性に理解してもらおうとしました。

草食男子をめぐる議論に大きな影響を与えたのは、当事者の立場から執筆された哲学者の森岡正博さんによる『草食系男子の恋愛学』(メディアファクトリー)です。森岡さんは草食男子として、若い時期にどのような生活を送ったのでしょうか。共感できる男子もいると思いますので、少し長くなりますが引用しておきます(前掲書)。

背が低く、もやしのようなひょろひょろの身体をしていて、他人の目を見て話をすることができず、日常会話や雑談をするのも苦手で、アパートの部屋に一人で閉じこもっていた。中学・高校のときにもデートをしたことはなく、思春期に身近にいた女性は、母親だけであった。大学生になって、合コンにたびたび行くのだが、女の子と話が盛り上がることはけっしてなく、いつも最後は男たちだけで飲みに行くのであった。

私の中で、劣等感がしだいにふくれあがり、それはどす黒いかたまりとなって、心の底でうごめいた。「自分はモテる」と自慢している男のことを冷ややかな目で眺め、小さな殺意に似た気持ちが湧きあがることさえあった。

こうした青年期をすごした森岡さんは、「「好きな女性に振り向いてほしい」「恋愛したいのに、うまくいかない」というひりひりとした痛み」に対して、恋愛をしなくてもいいと正論で諭すのではなく、真摯に答えたいと考えます。「他人より劣っているという「事実」が、その人をモテなくさせているわけではない。自分と他人をたえず比較して落ち込んでしまうという「心のはたらき」が、その人をモテなくさせている」。森岡さんのアドバイスは、若者に向き合う誠実な姿勢に加えて、哲学的な洞察によって重い言葉になっています。『草食系男子の恋愛学』は、いかにして劣等感と対峙するのかについての哲学書でもあるのです。

二〇〇九年に、今度は、女性向けに『最後の恋は草食系男子が持ってくる』を出版します。森岡さんは、草食男子との「しみじみとした日常のなかで、二人でいることの幸せを再確認するような恋愛」を提案しました。型にはまった恋愛ではなく、自分たちのペースで共に作り上げていく恋愛のスタイルを推奨したのです。草食男子という新しい男性像は、男として自信を持てない男性のためだけではなく、女性にとっても、対等なパートナーとして価値のある存在だと考えられます。

草食男子の流行に水をさすように、『an・an』(二〇一〇年一一月一〇日号)では、「サヨナラ草食男子！」という特集が組まれ、そこでは草食男子の受け身の姿勢が批判されました。「「彼となら、お互いのペースを守れる穏やかな恋愛ができる」、そんな女子の目論見は外れ、最近では、付き合っていても「彼が私をどう思っているかわからない」という被害報告も続々」。「攻めてこない男に価値はない」と題された俳優である吉川晃司さんへのインタビュー記事には、ご自身の言葉ではないでしょうが、「石橋は叩いて渡るな、むしろ川に飛び込んで泳げ」という印象的なフレーズが載っていました。

二〇一〇年の日本でも、川の向こう側に行くのに泳いで渡るような過剰な〈男らしさ〉は、冗談にしかなりません。しかし、男性と女性をリードする側／リードされる側と定義づける社会的なルールは、当時においても、草食男子のような行動や価値観を否定するだけの強固さは維持していたのだと考えられます。

家族像の行方

一九九〇年代以降、常に経済格差は拡大し、専門家からはもはや現代の日本は格差社会ではなく階級社会になったという声も聞かれるようになりました。富裕層と貧困層では、お互いの生活を想像するのが難しいぐらいに、その暮らしぶりがあまりにもかけ離れたものになってしまったのです。誰もが一体感を持てた高度成長期とは大きな違いだと言えます。

二〇一〇年代には、性別役割分業に肯定的な若者が増加し、それを保守化と捉える向きもありました。豊かさも貧しさも親から子へと連鎖する階級の固定化に加えて、とりわけ二〇一〇年代では男女問わず非正規雇用の多くなったこともふまえれば、的外れの指摘だと言えます。

一九九〇年代以降の低成長期を通じて、男性一人が働けば家族を養えるという性別役割分業は、「平凡」から「夢」へ、そして、「夢」から「理想」へと反転していったのです。ただし、高度成長が後に控えていた時代とは異なり、この「理想」はほとんど実現の可能性がない以上、「理想」ではなく「虚構」と表現する方が適切かもしれません。

「平凡」だった時代とは異なり、「虚構」かもしれない「理想」に向けての競争は、当然ながらより熾烈になります。受験、就活、そして、社内の出世レースで勝ち抜いてもなお、「いい家庭」にはたどり着けないかもしれないからです。

ただ、高校生のみなさんからすると性別役割分業に基づいた家庭は、「夢」でもなければ「理想」でもなく、いまだに「平凡」という印象かもしれません。そうだとすれば、ここまでの説明に違和感を抱いていることでしょう。

これには、一〇代のみなさんが置かれた世代的な特徴が関係していると考えられます。祖父母の世代でも農業などの第一次産業ではなく、会社で働いた経験を持つ人が多いはずです。親の世代も、第一形態から第三形態までバリエーションはあるでしょうが、「男は仕事、女は家庭」という役割分業をしています。その上、まだ自分で働く年齢にはなっていないわけですから、性別役割分業が「平凡」に感じられるのです。

しかし、実際には、ここまで見てきたように、男性の雇用をめぐる状況が大きく変化しています。男性稼ぎ手モデル以外の家族像が必要なのは明白です。また、ひとり親世帯もありますし、再婚して新しい家族を作る人たちもいます。専業主婦だけではなく、専業主夫もいますし、同性カップルの話題も目立つようになっています。家族のあり方は実に多様です。

もちろん、生涯未婚率の急激な高まりが示すように、これからはますます、独身のまま暮らしていく人が増えるでしょう。

勘違いしないでほしいのですが、「男は仕事、女は家庭」という家族像が否定されているわけではありません。家族のバリエーションの一つになるということです。自分に馴染みのある家族像しか認めない人々は、結果的に新しい家族像の芽をつみとり、若い世代の家族形成を難しくしてしまっていることに気がつく必要があります。自分とは違うという理由だけで、蔑んだり、見下したりするのは愚の骨頂です。

現状では、どうして結婚しない人が増えたのかという疑問はよく聞きますが、近い将来、なぜかつては大半の人が結婚していたのかが議論されるようになるかもしれません。独身の男女がさらに増えた未来の社会からすれば、むしろ、ほとんどすべての男女が結婚していた過去の方がよほど不思議に見えるはずだからです。必要なのは過去に固執して、自分だけは「いい家庭」を作って「幸せ」になろうと躍起になることではなく、中身の変化に合わせた社会システムの刷新です。

第３章
泣けない男の一生

〈男らしさ〉と涙

改めて確認しておくと、〈男らしさ〉とは競争を優位に進めていくために求められる特性でした。たくましさや勇ましさを発揮できる男性ほど、社会的に価値を認められた「達成」に近づけるはずです。逆に言えば、簡単にあきらめる、あるいは、へこたれるのは、〈男らしくない〉ということになります。

そうした「弱さ」の象徴として男子に禁じられているのが涙です。例えば、予防接種で注射を打つ際に、親や周囲から「男の子だから泣かないの」と言われた経験はないでしょうか。そこまで直接的ではなくても、転んで泣かなかったことを「偉いね」と褒められたりしたかもしれません。泣くことは〈男らしくない〉行為であると学んだ男子たちは、簡単に涙を見せないようになっていきます。

痛みや苦しみを涙で表現できなくなるだけではありません。男子のみなさんは映画を鑑賞していて思わずウルっとするような場面があっても、涙をぐっとこらえることがあるはずです。感動して涙を流すようなやさしさや繊細さは、〈男らしさ〉と相反するとされているからです。

はじめは褒められたいから頑張って涙を見せないようにしていた男の子は、やがて、何も言われなくても人前で泣くのは「恥ずかしい」と感じるようになります。自分の外側にある社会的なルールを内面化していくのです。

男性は感情をコントロールできていると肯定的に評価できるようにも思えます。しかし、自分も周りも、男の子の心と体に対して鈍感になっているのかもしれません。体については、小さな男の子でも、高いところに登ったり、そこから飛び降りたりして遊びます。女の子であれば、ケガの恐れから、そうした遊び自体が禁じられることもあるはずです。

先日、大学生の男子と話していたら、中学校の頃に、じゃんけんで負けた方が肩にパンチをされるという遊びをしていたと教えてくれました。これは僕が中学生だった一九八〇年代後半にもあった遊びです。男子の思い出話に対して、その場にいた女子たちはそのあまりに幼稚なエピソードに呆れかえっていました。

心の問題は外からは見えないだけに、その深刻さが表面化しにくいと言えます。臨床心理士のテレンス・リアルさんは、「教室の隅でひっそりふさぎ込んでいる女の子よりも、最前列で悪ふざけをする騒々しい男の子のほうが重症なのである」と興味深い指摘を著書『男はプライドの生きものだから』(講談社)でしています。自分の感情を言葉でも、行動でも表現することを学んでこなかった男の子は、心に傷を抱えた時に威圧的な態度をとったり、暴力を振るったりと外に向けることで解消しようとするからです。内面の「弱さ」を抱える男性ほど、虚勢を張って「強さ」を見せつけようとするということです。

自分の心に向き合ってこなかった男子は、他人の心を想像するのも難しくなってしまいます。それでは人との関係性を築くことができず、孤立するばかりのように思えますが、男性の場合、大人になると社会的地位があれば許されてしまう面があります。ただし、ここには自分自身が好かれているわけではないという不幸が隠されているのです。

コミュニケーションの深度

近年では、コミュニケーション能力が〈男らしさ〉の要素になっているという話をしましたが、心を上手に理解することができないのに、コミュニケーションができるのかという疑問があると思います。実際、女性と比べて男性は人の話に割り込んだり、人の話を否定したりしがちです。

共通の話題をめぐって表面的に会話を交わす光景をバラエティ番組などではよくみます。それであれば、心について考えるまでもありません。一定の形式をなぞっていればコミュニケーションが成立します。ネットの炎上に関心が集まるのも、自分とは直接関係のない話題で簡単に盛り上がることができるからでしょう。

形式的だからといって誰でも上手にできるわけではなく、タイミングや言い方なども重要です。テレビでお笑い芸人さんが重宝されているのは、この意味でのコミュニケーション能力が高いからだと考えられます。きっとクラスでも人気者になれるはずです。

競争に勝って社会的な地位を達成する上では、形式に基づいてなされる表面的なコミュニケーション能力が高ければ十分です。それだけではなく、流れるように話すことを立て板に水と言いますが、この文脈では、一方的に相手を説き伏せるような能力さえコミュニケーション能力が高いと評価されることもあります。

ただし、お笑い芸人さんやクラスの人気者に必ずしも友達が多いわけではないことからも分かるように、形式的なコミュニケーションだけでは、人間関係を深めることはできません。逆に人間関係を悪くすることさえもあります。例えば、自分がイジっているつもりなのに、相手はいじめられたと感じるのは、形式ばかりに気を取られて人の心を蔑《ないがし》ろにしたためです。

友達になったり、恋人になったりするためには、形式よりもお互いの心に配慮してコミュニケーションをする必要があります。すると、事前に想定していないような方向に会話が展開するので、新しい自分に出会うことになります。相手にも同じことが起こります。こうした深いコミュニケーションを通じて、お互いに信頼感を持つことができるのです。「こんなことを言ったらどう思われるだろう」という不安が自分の気持ちよりも先立てば、いつまでもワンパターンなコミュニケーションから抜け出すことはできず、人間関係が発展することはありません。

他人の心とつながりを持とうとすると、それに伴って自分の心を覗くことにもなります。みなさんが友達や恋人が欲しいと思っても一歩踏み出せないのは、幼い頃から目を背けてきた自分の心に向き合うのが怖いからかもしれません。

恋愛との向き合い方

高校生では男子も女子もおおよそ半数の人が、デートを経験します（表2）。大学生になるとその割合はおおよそ七〇％程度まであがります。逆に言えば、高校生の半分、大学生でも三〇％ぐらいはデート未経験者ということになります。これぐらいの割合になると、デートをしたことがない大学生はコンプレックスを感じるかもしれません。

男がリードする側／女はリードされる側というルールに則れば、ほとんどの場合、男子から誘い、女子は誘われていると考えられます。すでに説明したように、草食男子は必ずしも消極的なわけではありませんが、なかには奥手のタイプもいます。肉食男子であれば、はじめは奥手でもとにかくたくさんの女子にアプローチして経験を積むことができます。前章ででてきた森岡さんは、それぞれの特徴を「奥手の草食系男子」は、「女性にどうやって接近したらいいのか分からない」タイプ、「経験豊富な草食系男子」は、「癒し系で、女性とのやりとりに慣れている。女性に過度の期待を抱いていない」タイプ、「奥手の肉食系男子」は

表2　主要な性行動経験率

経験の種類	調査年度	1974年	1981年	1987年	1993年	1999年	2005年	2011年	2017年
デート	大学男子	73.4	77.2	77.7	81.1	81.9	80.2	77.1	71.8
	大学女子	74.4	78.4	78.8	81.4	81.9	82.4	77.0	69.3
	高校男子	53.6	47.1	39.7	43.5	50.4	58.8	53.1	54.2
	高校女子	57.5	51.5	49.7	50.3	55.4	62.2	57.7	59.1

（日本性教育協会「『青少年の性行動』わが国の中学生・高校生・大学生に関する第8回調査報告』」(2018)より）

「経験がないので押しの一手で迫る。内にこもって悶々とする」タイプ、「経験豊富な肉食系男子」は「女性の気持ちを探りながら、ダメもとで誘惑してみる、次々と口説く」タイプ、と説明しています（『草食系男子の恋愛学』メディアファクトリー）。

この説明からも分かりますが、奥手の草食男子は、はじめの一歩が踏み出せないという悩みを抱えることになります。自分と相手の心に向き合う以前につまずいてしまうのです。

奥手の草食男子を自覚する吉川君のエピソードを紹介しましょう（以降、聞き取り調査に基づいて紹介する人物はすべて仮名です）。彼はこれまでに女性とつき合ったことがなく、セックスの経験もありませんでした。そこで、大学の先輩にアドバイスを求めたところ、とにかく積極的に近づいていくんだと言われたそうです。

「何回ふられてもアプローチして、アプローチして、それで彼女をゲットしたんだっていう苦労話をしてくれました」。

二人のやり取りからは、肉食男子の「男はこうあるべきだ」という主張に対して、男として自信が持てない草食男子が言いくるめられていく様子がうかがえます。奥手の草食男子は、肉食男子の姿をあるべき男性像と考えて、自分の消極性に否定的な感情を抱いてしまう可能性があるのです。

ただし、肉食男子のアプローチがすべての女子に歓迎されているわけではありません。さらに言えば、たくさんの女子とつきあった経験を自慢するような男子は、多くの女子から幼稚でつまらない存在だと思われています。そのような態度に対して、無関心あるいは批判的な男子も少なくありません。

経験豊富な草食男子である大学生の寺田君には、高校二年生のときから四年間つき合っている彼女がいます。高校生のときにはじめてできた彼女は、見た目が好みという理由でつき合ったのですが、馬が合わず結局すぐに別れてしまいました。

いまの彼女は見た目が好みではなかったそうです。「正直、最初はあまり乗り気ではなかった」のですが、「つき合ってみたら「こういう人が理想なのかな」って思えるようになって、それでいまも続いているんです」。寺田君は「見た目重視か中身重視か」という二者択一の質問に対して、自分自身の経験をふまえて迷うことなく「中身ですね」と答えてくれました。

このような寺田君の恋愛に対して、周囲の評価はどうでしょうか。「オレは何人とつき合ったんだって自慢してくるやつはいますけど、僕が「もう四年ぐらいつき合ってるよ」って言ったら、「それはすごいね」みたいな」。たくさんの女子とつき合うことに価値があるという肉食男子の発想に、きっぱりと自分の意見を返すことができています。

吉川君と先輩のケースでは、草食男子が肉食男子に言いくるめられていました。しかし、寺田君は草食男子の「女性に対して、性的にガツガツしない」という特徴を、「自分が長くつき合っていることを自慢というほどでもないですけど、誇らしく思っている」ため、否定的にとらえていません。経験を積んだ草食男子は、肉食男子的な価値観に十分に対抗していくことができるのです。

吉川君のように最初の一歩さえ踏み出せない奥手の草食男子の場合、恋愛をするには、どうすればいいのでしょうか。まず大切なことは、肉食男子を演じようとしないことです。無理をしても長続きしませんし、空回りして女子に迷惑をかける危険性もあります。

それから、いきなり恋人になろうとするのではなく、性別を問わず自分とペースの合う人を探すことから始めるべきでしょう。哲学者の森岡正博さんは、「話をよく聴いてもらうことによって、愛情が生まれてくるというメカニズム」(前掲書)があると指摘しています。気が合いそうな女子に出会えたら、自分を知ってもらおうと焦るのではなく、相手の話にしっかりと耳を傾けてみてください。

恋愛における加点式と減点式

男子だけではなく女子にもあることなのですが、せっかく恋人ができても、「思っていたのと違う」という理由で別れるケースが少なくありません。とりわけ、年齢、容姿、性格などの条件をつけて恋人を探している場合には、誰とつき合っても長続きしないでしょう。

自分の頭の中のイメージと現実の間にはズレがあります。例えば、控えめな性格だと思っていた彼女が、自分の意見を主張してきたとします。「思っていたのと違う」とがっかりする人は、「正しい」のはイメージで、現実は「間違い」と解釈しているわけです。現実はイメージからどんどんズレていきますから、相手への評価は下がる一方です。減点式の恋愛をしていると、待っているのは破局だけです。

アイドルであれば、作られた設定のなかでファンの期待を裏切らないように振る舞ってくれます。ファンは応援し、アイドルもそれに応えてくれます。好きという感情を伴いますが、それはあくまで偶像に対するもので、恋愛とは違うものです。現実の女子はアイドルではないので、男子が持つイメージに応えるために存在しているのではありません。親密な関係性を築きたいのなら、自分が一方的に持つイメージよりも、目の前にいる現実の相手を大切にする必要があります。

最近では個人の能力や特性をスペックという言葉で表現しますが、先ほど、見た目が好みの女子とすぐに別れてしまった寺田君の話を紹介したように、カワイイとかスタイルがいいとかを基準にして知ることができるのは現実のほんの一部です。

外見だけではありません。もし、言語化したり、数値化したりできるスペックだけで人を判断できるなら、就活でも面接を省いて履歴書だけで採否を決めればいいと思いませんか。

手間も時間も省けて実に効率的です。しかし、言葉では表現しきれない雰囲気や人柄を見て、面接官は職場にふさわしい人材かどうかを判断しているので、実際に会ってみる必要があるのです。逆に言えば、会社でも大学でも、その場に足を運ばないと感じ取れない社風や校風も考慮に入れないと、せっかく「難関大学」や「一流企業」に入っても「思っていたのと違う」となりかねません。

恋愛に話を戻すと、相手が自分の知らない一面を見せたとき、そこに面白さを感じることができれば深いコミュニケーションができるようになるでしょう。イメージと現実のギャップを、現実に合わせて修正していく加点式の恋愛です。誰の人生にも固有の歴史があり、そのなかで育まれてきた価値観がありますから、どれだけ一緒にいても新しい発見は尽きません。

もちろん関係性が深くなったからこそ、お互いに相容れないところが目立つようになり、別れてしまうこともあります。見た目が好みだったけど性格が合わないから一週間で別れたというような薄っぺらい恋愛とは違って、一人の女性とじっくり向き合った恋愛の終わりは、非常につらいものです。ただし、決して無駄にはならず、貴重な経験として自分のなかにも、そして、おそらく相手のなかにも残ります。

社会人という言葉の意味

未婚化・晩婚化の進んだ現代の日本でも、男女共に三〇歳前後になると恋愛の仕方が変わってきます。結婚が視野に入ってくるからです。かつて、とりわけ男性は結婚してようやく社会人として「一人前」とみなされる風潮がありました。独身の男性は会社のなかで、それだけで肩身の狭い思いをしていたのです。ところで、そもそも社会人とはいったいどういう意味で使われている言葉なのでしょうか。

大学の卒業式や企業の入社式では、「これからは社会人としての自覚を持ってください」というフレーズがよく使われます。ここで「社会」とはほぼ企業社会のことを意味していますす。アルバイトやパートをしていても社会人とは呼ばれませんので、社会人とは性別を問わずフルタイムで働く人と同義だと考えられます。

この定義に従えば、日本で暮らす多くの人が「社会」のメンバーから外れてしまいます。

まず、高校に通っているみなさんがそうです。大学も含め学校生活は、「社会」に出るための準備期間として位置づけられているわけです。日本では現代でも、家庭での役割を担うために、多くの女性が結婚、妊娠、そして、出産をきっかけに「社会」から離れることになります。ケガや病気など様々な事情でフルタイムでは働けない場合も、「社会」への参加が十分だとは見なされません。

「健康」な男性には、社会人を続けられる特権が与えられているとも言えます。「進学校」から「難関大学」、そして、「一流企業」へという大きな目標を課せられてきた男子が手に入れようとしているのは、この特権のなかでなるべく優位な立場になることだと言えるでしょう。

特権には代償があります。繰り返しますが、現代の日本で、男性だからこその不自由で最大のものは、四〇年にわたって働くというルールです。人生の半分に相当するぐらいの非常に長い期間ですが、性別役割分業を前提とした社会システムでは、男性が定年まで働くのは「普通」だとされています。働き続けるのが「当たり前」である以上、なぜ働くのかという疑問を抱くのは「おかしい」こととされてしまいます。

社会人となった男性の目の前には「働くしかない現実」があり、そうした環境に置かれるなかで、「働いてさえいればいいという意識」を持つようになります。男女で大きな賃金格差のある日本では、結婚をしたり、子どもができたりするほど「働くしかない現実」は強固さを増し、その分だけ「働いてさえいればいいという意識」も深まっていきます。

通勤電車は「異常」なほど混雑していますが、毎日、乗車している人にとっては「普通」です。日本は「異常」ともいえる長時間労働が社会問題ですが、毎日、残業をしている人にとっては「普通」です。会社では学校よりもセクハラやパワハラといった「異常」な行為が見られますが、常に嫌な思いをしたり、させたりしている人にとっては「普通」です。

こうした「普通」に慣れなければ、社会人失格の烙印を押されてしまいます。社会はそんなに「甘くない」というわけです。男女の不平等をめぐる議論では、どうして男性は変わらないのかという話題がしばしば持ち上がります。その一つの答えは、男性は定年退職するまで変わらないことが期待されているからです。男性に自省の機会を与えないことで、性別役割分業を前提とした社会システムは回っています。

平日昼間問題

男性だけが社会人であることにとらわれているわけではありません。周囲も男性に社会人であることを期待しています。無職のおじさんは、無職のおばさんと比べて、人をギョッとさせるものがあるはずです。ニュースで「犯人は四〇代無職の男性です」と報じられるといかにもと思う人は少なくないでしょう。それだけではなく、ほとんどの男子は、高校生の段階ですでに、何歳まで働くつもりかを聞かれれば定年までと答えると思います。これは社会人になるまでもなく知っている「常識」なのです。

みなさんが平日昼間の下校中に、わんわんと泣いている三歳ぐらいの子どもを見かけたとします。大人の女性が「こっちに来なさい」と言いながら手を引っ張っていても違和感はありませんよね。自分もあのぐらいの年の頃はよく駄々をこねていたな、と懐かしく思う人もいるかもしれません。

手を引っ張っているのが、大人の男性だったらどうでしょうか。女性のときよりも子どもが嫌がっているように見えるかもしれません。あまりに抵抗が激しければ、あの人は親なのだろうかと疑いを持つこともあるでしょう。近くに交番はあったかなと「親切」にも考えてくれるかもしれないですね。

社会人とは、仕事に専念している人のことでした。男性の場合、このルールのなかで四〇年間は生活することになります。そのため、学校を卒業してから定年退職するまでの間は、平日の昼間に出歩くだけで「怪しい人」だと思われてしまいます。

平日の昼間に行動が制限されていても、大きな問題はないと思うかもしれません。確かに、仕事に専念しても家族に負担がかからないなら、そうとも言えます。しかし、例えば、子どもが産まれれば状況は変わります。子育てに積極的に参加する父親に対するイクメンという名称は、世の中に広く普及しています。しかし女性の育児休業取得率は二〇一八年の数字で八二・二%ですが、男性はわずか六・一六%にすぎません(厚生労働省「雇用均等基本調査(速報版)」より)。

人間の赤ちゃんは生理的早産と呼ばれるほど未熟な状態で生まれてきます。人からお世話をしてもらえなければすぐに命を失ってしまうのです。また、出産後六〜八週間の産褥期《さんじょくき》は、母親は体を休めることに専念しなければならない期間とされています。父親が育児休業(以下、育休)を取得しなければ、本来は休んでいなければならない状態の母親が育児を担うだけではなく、夫のために家事もこなすことになります。

社会人には一日八時間週四〇時間は「最低限」で、それ以上が「普通」という働き方が求められます。二〇一九年度から年五日の有給休暇の取得が義務化されましたが、そうした動きが必要になるのは、この「最低限」に抵触してしまうために、これまでは権利はあるのに休むことができなかったからです。法的に認められた権利よりも、社会人に求められる目には見えないルールの方が優先されていた状況に介入したと言えます。有休ですらこの状況なのですから、社会人であり続けることを求められる男性が、育休が取れないのは「普通」なのです。

せっかく苦労をして育休を取得しても、平日昼間問題をふまえれば、父親たちが気持ちよく子育てをできる環境ではありません。児童館や公園に行っても平日の昼間は母親ばかりで、「あの人、仕事はどうしたんだろう」と言われているような気がして、父親は居心地の悪い思いをします。

これを個人の「考えすぎ」ですますことはできません。男性中心の企業社会にいる母親たちは、少なからず子どもを預けて働くことに罪悪感を抱いています。性別役割分業を前提とする社会システムでは、平日の昼間に子どもと一緒にいる父親、そして、平日の昼間に子どもを預けて働く母親は、「普通」という範疇から外れてしまうのです。性別を理由にして個人が感じる「圧」を、社会とつなげて考える想像力が求められます。

時短勤務をしている女性が、責任のある仕事や大きなプロジェクトにかかわれなくなって、やる気を失うケースが多々あります。「配慮してあげているのに」と思われるかもしれませんが、職場の一員なのに半人前扱いされれば、意気消沈するのは仕方のないことです。逆の立場になってみると、女性の気持ちがよく分かります。

僕個人の話をします。職場との対比で言えば「女社会」である地域で、半人前扱いされて非常に嫌な気持ちになることが少なくありません。子どもを予防接種に連れていった際に、医師や看護師から「どうせ父親だから初心者だろう」という前提で、「はいはい、こうやって子どもを押さえてください。早くここを持って」などと見下された態度を取られた経験があります。確かに、一般的には、育児には母親の方が時間を使っており、スキルも高いでしょう。我が家も同じです。だからといって、自分にできる範囲で一生懸命やっているのに、見くびられればやはり嫌なものです。

生命・生活・生涯

とりわけ男性の働きすぎが長年の社会問題である日本では、ワークライフバランスの重要性が訴えられています。ワークライフバランスは、「仕事と生活の調和」と訳されています。社会学者の藤村正之さんは、ライフには生活だけではなく、生命や生涯という意味があると指摘しています『〈生〉の社会学』(東京大学出版会)。この三つの視点を取り入れると、現代の日本社会において、男性のワークとライフがいかにアンバランスであるかが見えてきます。

仕事と生命のバランスというと大げさに聞こえるかもしれません。しかし、まさに働きすぎが原因で過労死や過労自殺は発生しています。人は生きるために働いているはずですが、働いていたら死んでしまったという理不尽なことが起きています。もちろん、性別を問わずありえることですが、過労死・過労自殺のほとんどは「働きざかり」とされる中高年の男性です。

自分は死ぬまで働くことはないだろうと思う人もいるでしょう。過労死や過労自殺までには至らなくても、多くの社会人は「忙しくて病院に行く時間がない」と口にします。生命と仕事を天秤《てんびん》にかけた結果、仕事が優先されているのです。社会人を続けることが期待される男性は、四〇年にわたってこのような状態に置かれることになります。生命を削って働いていると言っても、決して大げさではありません。

仕事と生活については、すでに述べたことですが、「働くしかない現実」を前に多くの男性は「働いてさえいればいいという意識」を持つようになります。仕事中心の生活に疑問を持たなくなるということです。

その結果、ほとんどの中高年男性には、友達がおらず、趣味もありません。もし、高校生のみなさんが同じ状態であれば、誰もが心配するでしょう。しかし、中高年の男性であれば、本人も周囲もそれを問題視することはないのです。むしろ、友達と遊んでいたり、趣味に没頭したりで、社会人としての務めを疎かにする方が問題視されます。

生命を削って働いていると、体力のある若いうちは大丈夫でも、年を重ねて無理がきかなくなれば体を壊す懸念があります。日々、仕事だけをしてすごしていれば、家族とも友達とも疎遠になってしまいます。こうした生活を積み重ねていれば、仕事と生涯のバランスが取れるはずはないでしょう。

仕事上の関係性は、退職によって失われてしまいます。定年退職した男性に聞き取り調査をするなかで、年賀状やお中元・お歳暮が急に届かなくなったという話をたくさん耳にしました。急に孤立したと本人は思うかもしれませんが、実際には、職を離れたことで仕事と生涯のアンバランスが露呈《ろてい》したにすぎません。仕事を生涯の一部に位置づける視点を持つことでこのような事態は防げたはずです。当事者に寄り添えば、社会人としての務めを真面目に果たした結果、このような憂《う》き目にあうのは少しかわいそうにも思えます。

「きょうよう」と「きょういく」が大切だ

定年退職した男性へ聞き取り調査をしている際に、仕事を辞めたあとに大切なのは、「きょうよう」と「きょういく」だという話を聞きました。それぞれ「今日、用がある」、「今日、行くところがある」を略した言葉です。「きょうよう」と「きょういく」を持たない定年退職者は、無料で冷暖房完備の図書館やデパートのベンチで一日を無為に過ごしています。

内館牧子さんが『終わった人』(講談社)というタイトルの小説を書いていますが、「きょうよう」も「きょういく」もない男性の虚しさが分かりやすく描かれています。少し引用してみます。

定年って生前葬だな。

俺は専務取締役室で、机の置き時計を見ながらそう思った。あと二十分で終業のチャイムが鳴る。それと同時に、俺の四十年にわたるサラリーマン生活が終わる。六十三歳、定年だ。

明日からどうするのだろう。何をして一日をつぶす、いや、過ごすのだろう。

ちなみに、「きょうよう」と「きょういく」は、テレビやラジオなどのメディアでもそれなりに報じられています。高校生のみなさんは関心がない話題なので耳に残らないかもしれません。

かつて、団塊世代（一九四七～四九年生まれ）の大量退職が、「二〇〇七年問題」として注目を集めたことがあります。一般的には、彼らが蓄積してきた仕事上の知識や技術の継承などに関心が集まりました。つまり、この問題は経済的・職業的な側面から論じられていたわけです。ジェンダーの視点からみると、「二〇〇七年問題」の別の側面が浮かび上がってきます。仕事中心に生きてきた団塊世代の男性たちが、職場から家庭や地域に生活の場を移す際に直面する困難や葛藤という意味での「二〇〇七年問題」です。

中学時代に熱心に部活に励んだ人は多いと思いますが、引退したときには生活にハリがなくなり、ぼんやりとしてしまったのではないでしょうか。わずか三年でもそうなのですから、週休一日だった時代に働きはじめ、四〇年にもわたって仕事に従事してきた団塊世代の定年退職者は大きな喪失感を抱くことになります。

加えて、それだけの期間、仕事中心の生活をしてきた結果、ほとんどの人は地域に友達はいませんし、家族との関係もぎくしゃくしてしまいがちです。ですから、定年退職後は、仕事を無くした喪失感に加えて、放置してきた地域や家庭での居場所作りという課題に向き合うことになります。

仕事の両義性

確かに職業生活は四〇年もの長期にわたりますが、生涯という視点から見た場合、あくまで定年退職は通過点です。それがどれだけ本人にとって価値のあるものだとしても、あくまでワークはライフの一部です。それにもかかわらず、中高年の男性たちはどうしてその後の生活を考えないのでしょうか。聞き取り調査で、定年したばかりの河野さんがこの点について次のような興味深い話をしてくれました。

「ある時点までは我慢でしたね。要するにそれで麻痺《まひ》して慣れてくるんですね。そういう適応能力ってあるじゃないですか、人間って。だからそういうことで乗り切ってきたのかもしれませんね。」

フルタイム労働に順応したことに対して、「立派な社会人」になったと評価することはもちろん可能です。働くことに対する「耐えるものとしての仕事」という理解です。しかし、一方で、なぜ働くのかを悩んでも仕方がないので、考えるのをやめてしまったという見方をすることもできます。河野さんは現役時代について「残念」という言葉でまとめてくれました。

「とにかく食べていかないといけないから働くじゃないですか。そのままいくじゃないですか。戻せないじゃないですか。そういう意味で残念だって言うのは、結局自分の力がそのくらいっていう意味で。」

「働くしかない現実」と「働いてさえいればいいという意識」は相補的な関係にあります。「働くしかない現実」に対して「働いてさえいればいいという意識」を持てば、とりあえず、その場をやりすごすことはできます。「働いてさえいればいいという意識」を持っていると、「働くしかない現実」が疑われることはなくなるので、さらに強固になっていきます。こうして、働いているうちに、生命、生活、生涯といういずれの側面でも、ワークとライフのバランスは崩れてしまうのです。

もちろん、仕事が楽しかったと語る男性はたくさんいました。仕事が苦痛や抑圧でしかないというのは単純すぎる理解です。もちろん「やりがいの源泉としての仕事」という側面もあります。こうした見方について、同じ聞き取り調査からいくつか紹介してみましょう。松本さんは充実していた現役時代について、次のように振り返っています。

「仕事をしているのが楽しいから、忙しくても過労とは思わないでやっていたんですね。いろんな意味で、仕事ってのは楽しいよね。挑戦とか。」

みなさんも文化祭や部活動などで時間を忘れて活動に没頭することがあるはずです。男性たちは生活のほとんどの時間を仕事に費やしているのですから、楽しいに越したことはありません。さらに、自分にしかできない仕事があるという気持ちがあると、そのような思いは深くなっていくようです。ただし、仕事にのめり込むことの弊害もあります。加藤さんは仕事をしていた際の充実感と同時にいまの喪失感を次のように語ってくれました。

「期待感があのときはすごかった。それに僕は応えようとしてやっていたから、それで他の組織に移ることになって、職を辞めるときに、みんなに泣かれちゃった。定年退職してからは、僕でなければ絶対にダメだということはない。」

この事例から分かるように、気をつけなければならないのはやりがいを強く感じているからこそ、仕事から離れる際に喪失感が大きくなってしまうということです。「やりがいの源泉としての仕事」に依存しすぎると、実際には、定年してからも、ボランティアや地域活動などの場面で役割を果たすことができるのに、自分にしかできないことがなくなってしまったと落ち込んでしまいます。

　ワークはライフの一部という話をすると、怒ってしまう定年退職者の男性もいます。自分にとっての大切な「宝物」を馬鹿にされたと思うようです。しかし、あまりに現役時代を美化してそれに固執してしまうと、いまの自分の価値を見失うことになりかねません。

　また、地域で居場所を作る際の足かせになる可能性もあります。全国どこでも耳にするエピソードですが、だから尊重しろと言わんばかりに、地域活動の場での自己紹介で「一流企業」に勤めていたとか、会社を経営していたとか過去の「栄光」を披露する男性が少なくありません。地域活動のグループ内に他にも「一流企業」に勤めていた人がいると、日本経済新聞の人事情報をネットで検索し、「一流企業」でもどこまで出世したのかを調べる男性もいるそうです。

　ここまでの議論を整理すると、男性にとって仕事がどのようなものなのかが見えてきます。「耐えるものとしての仕事」の裏には、「離職による解放感」があります。仕事を苦痛と意味づけていれば、定年は解放の時になるわけです。一方で、「やりがいの源泉としての仕事」

の裏には、「離職による喪失感」があります。仕事にやりがいを感じている場合には、それだけ退職後の喪失感が大きくなってしまうのです。

定年退職した男性の話から分かるのは、「働くこと」が持つ多様な意味です。仕事はつらいだけでもなければ、楽しいだけでもない。単純な事実ですが、若いうちから頭に入れておいてください。

孤立する男性

いままでは定年退職者の地域活動でリーダーをしている清水さんは、「会社に帰っていくための場所が家だから、そこに知り合いは必要なかった」と話してくれました。定年してようやく家庭でも地域でも孤立していたことに気がつくのです。ですから、高校生のみなさんからするとささいなことに思えるかもしれませんが、地域活動に参加している男性たちは、口々に「近所にあいさつする人ができて嬉しい」と言います。

誰もが定年後に地域に溶け込んで楽しく暮らしているわけではありません。一人で暮らす六五歳以上の男性では、約一五％もの人が軽い日常会話の頻度が二週間に一回以下であるとの調査データがあります（国立社会保障・人口問題研究所「生活と支え合いに関する調査二〇一七年」）。女性では同じ条件でも、わずか五・四％にすぎません。男女で一〇％も差があります。男性は深いコミュニケーションが苦手なのではないかという話をしましたが、こうした数字を見ると、高齢の男性たちの一部は表面的な浅いコミュニケーションでさえとれていないのです。

老後に孤立してしまう経緯を簡単にみていきましょう。メールやSNSでやりとりをする友人が二〇人以上いる割合は、一八から二九歳ではほぼ男女差はありませんが、三〇代、四〇代になると女性の方

が男性に比べて高くなっていきます。社会人の男性は「働くしかない現実」に対して「働いてさえいればいいという意識」を持つようになり、友達も減ってしまいますし、それを周囲も心配してくれません。だから、大学生や新入社員の頃には連絡を取っていた友人と、社会人になると疎遠になってしまいます。

悩みごとが相談できるような友人は、男女共におおむね四〜九人ぐらいが多いようですが、五〇代以上の男性で「いない」という割合が高くなっています。とりわけ七〇歳以上の男性では五三％と半数以上にも上っています。興味深いのは、男性の場合にのみ、職業の有無と友人がいないとする回答の間に統計的に有意な差があることです(村田ひろ子「友人関係が希薄な中高年男性」『放送研究と調査』二〇一八年六月号)。

企業では様々な地域で暮らす人が働いているので、退職すると気軽に会うことができなくなります。加えて、年賀状やお中元・お歳暮が届かなくなるという話を紹介したように、仕事で築いた関係性が、会社を辞めてしまうことで解消されてしまう側面もあるでしょう。

妻に頼ろうとする男性は少なくありませんが、奥さんには友達もいれば、趣味もあるので、夫とばかり一緒にいるわけにはいきません。前述した『終わった人』にも、定年して暇を持て余す夫と美容師としての仕事がある妻のすれ違いが描かれています。夫の宗介が妻の千草を旅行に誘った場面です。

「怒らないでよ。友達と行けば？」

そう言われて気がついた。俺には、一緒に温泉やドライブに行くような友達がいない。会社の者たちは「同僚」に過ぎず、学生時代の者たちとは疎遠だ。クラス会にも行ったことがない。

「一人で行く。その方が気楽だ」

そう言いながら、妻と残りの人生を楽しもうなんて、実に現実離れした夢だったと思い知らされていた。「一泊くらいならつきあう」と言い、「友達と行けば？」と言うのだ。

結局、定年後は地域で新しい居場所を見つけなければならないわけです。しかし、はじめの一歩からつまずく男性は少なくありません。地域と企業は別の「社会」であることが理解できずに、いつまでも「一流企業」に勤めていた経歴を自慢する男性は、地域活動では浮いてしまいます。また、そもそも参加しようとしない腰の重い男性もいます。

市民講座には若い世代よりも中高年層が足を運ぶ傾向がありますが、そこで講師を担当していると男女の違いがよく分かります。女性の場合、講座のはじまる前から親しげに女性同士で話をしていることがよくあります。「知り合いですか？」と聞くと、「今日、はじめて会った」と返ってきます。

一方、男性向けの講座では、そのような光景を見たことはありません。定年退職者に地域に知り合いを作ることの重要性を解説したときでさえ、参加者は終わった途端に蜘蛛《くも》の子を散らすようにバーっと帰っていきました。どのようにコミュニケーションを取ればいいか分からないので、話しかけたり、話しかけられたりするのが嫌だったのかもしれません。

定年退職者にかぎらず、男性に地域参加を促すための講座は、こちらが一方的に知識を提供するのでは成立しません。そこで、僕が企画から携わる際には、いくつかの仕掛けを用意します。まず、単発ではなく、連続講座にすることです。一回では打ち解けられなくても、何回か顔を合わせるうちに、簡単な挨拶ぐらいはするようになってきます。

次に、講座のなかに、雑談の時間を組み込むことです。その際、三つのルールを設定します。第一に、仕事の話をしないこと、第二に、人の話に割り込まないこと、第三に、人の話を否定しないことです。すると、笑い声が聞こえるぐらいに会話が弾むようになります。ちょっとした工夫で、男性同士でも楽しく話をすることができるのです。

笑えるようにはなっても、男性が人前で泣けるようになるのは難しいでしょう。しかし、涙をみせられない男性の人生は、自分の心への想像力を欠くことで成立しており、そのため、他人の心にも触れることができません。第1章で紹介したザイデルさんは女性になることで、こうした男性の抱える心や感情の問題を克服しようとしました。現状を変えるために、個々人の取り組みに加えて、社会をいかに構想するかも重要な課題です。次の章では、個人で何ができるのか、そして、社会をどうしていけばいいのかについて考えていきたいと思います。

第４章

「やさしい」のに「やさしくない」日本社会

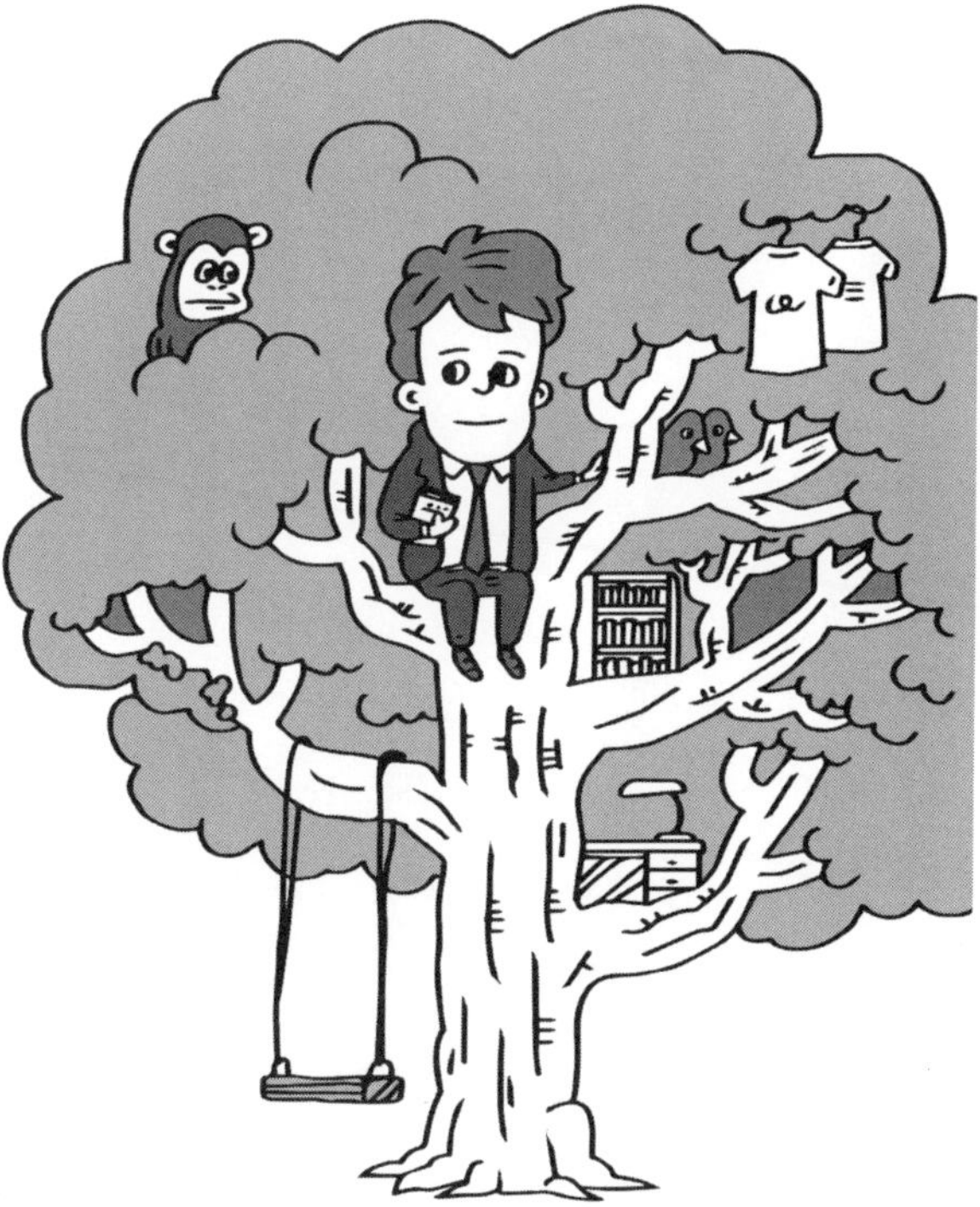

ジェンダーの視点から社会を見る

高校生のみなさんにとって、性別による違いは「自然」であり、いままでは、例えば、制服の場合、男子はズボンで女子はスカートであることに疑問を持たなかったはずです。進学や就職についても、男子ならば仕事を視野に入れて大学の学部を選ぶのは「当たり前」であり、「普通」は定年まで働くものだと考えていたでしょう。

そうした人生を歩む上では、「進学校」から「難関大学」へ入学し、「一流企業」に就職するのが有利であることをすでに「知っていた」と思います。直接、親や先生などから言われたかもしれませんし、そうでなくても、競争に勝って社会的な地位を得ることが男性にとっての「正解」であるというメッセージは社会に溢れています。

競争を優位に進めるために求められる特性が〈男らしさ〉であり、人と協調して生活していくために求められる特性が〈女らしさ〉でした。男女がそれぞれに〈男らしさ〉/〈女らしさ〉に沿って行動すれば、必然的に経済や政治の分野で「偉い人」は男ばかりになり、女性は出世レースに参加することさえ困難です。そうしたなかでも地位を築いた女性に対して、男性たちは「女を捨てている」や「中身は男」といった評価をし、あくまで「例外」と位置づけようとします。

一方、看護、介護、あるいは、保育など「ケア」にかかわる職業は女性向きの仕事と見なされ、実際に働く人の多くが女性です。加えて、例えば、「保育士は子どもと遊んでいるだけ」と偏見を持たれることがあるように、専門性があるにもかかわらず、単なる「お世話」として理解されてしまうことで、価値が低く見積もられており、それが待遇にも影響していると考えられます。

競争よりも協調を求められる女性は、若い世代ではフルタイムの共働きが増えた現代でさえ、結婚をしたり、子どもができたりすると仕事よりも「お世話」を優先しなければなりません。家事や育児を担いながら、仕事もしているわけですから女性の負担は重くなるばかりです。

「男は仕事、女は家庭」という性別役割分業は、多くの人が会社に雇われて働くようになる高度成長期に形成されたものです。これ以降、男性が定年退職まで働き続けることを前提に社会システムが回るようになりました。高度成長期から安定成長期、そして、低成長期へと移行して男性が稼ぐ額が減少するのに合わせて、女性は主婦からパートへ、そして、パートからフルタイムへと働き方を変えていきます。女性の働き方は、経済の動向に合わせた雇用の調整弁として利用されているのです。

男性は女性よりも有利な点が多いですが、その代償として〈男らしさ〉に沿った生き方を期待されます。とりわけ、仕事では定年まで正社員として働き続けなければなりません。小さい頃から、涙を見せるな、男は強くあれと育てられるのは、長期間にわたって「耐えるものとしての仕事」に向き合うための準備としての側面もあるでしょう。

こうした〈男らしさ〉への期待はどこの国でもよく見られます。イギリスの初等・中等学校（初等学校は五歳から一一歳、中等学校は一二歳から一八歳）で男子の教育問題に取り組む研究者のスーザン・アスキューさんと教師のキャロル・ロスさんは、多くの学校を調査するなかで、男同士のコミュニケーションが「たくましさ」「タフさ」「我慢強さ」、さらには、「理知的」といった〈男らしさ〉によって阻害されていることを見出しました。その上で、「男子が互いに感情的に距離を保つことを必要としているのは、おそらく、彼らがお互いのことを、そして、自分自身の感情的な側面を恐れているからに違いありません——弱々しいやつだと思われないように！」（『男の子は泣かない』金子書房）と指摘しています。

他国との共通点をふまえながらも、強調しておかなければならないのは、日本の特異な労働環境です。他国に比べて働きすぎですし、「仕事にストレスがある」と回答する割合も高くなっています。とりわけ、「働きざかり」とされる三〇・四〇代ではストレスがある人は六割を超えています。こうしたなかで、日本の男性は働き続けなければなりません。さらに、「仕事がおもしろい」と思う男性はわずか四三％です。一位のスイスでは九三％、二位のオーストラリアが九〇％であることをふまえると、悲惨とも言える状況です（村田ひろ子「何が仕事のストレスをもたらすのか」『放送研究と調査』二〇一八年三月号）。

この調査から明らかになっていますが日本では、女性も仕事にストレスを感じています。また、おもしろいと思える割合も低くなっています。しかし、一家の大黒柱であることを求められてはいないので、退職という「選択肢」もありますから、それが許されない立場である男性からすると、女性は気楽でいいなと言いたくなるかもしれません。

日本の企業は「男社会」です。ストレスを感じるおもしろくない職場をつくっているのは男たちだと言えます。女性に批判の矛先を向けるのではなく、とりわけ管理職以上の立場にいる男性の責任を問うべきでしょう。さらに言えば、女性は排除されているのであって、仕事を続けたいと思ってもそれができない環境に置かれているのです。

安心と自由という観点から、この問題を考えることもできます。社会学者のジグムント・バウマンさんは安心を増やそうとすると自由が犠牲になるし、自由は安心を犠牲にしないと手に入れられないと述べています。その上で、「自由のない安心は奴隷《どれい》制に等しい。一方で、安心のない自由は、見捨てられて途方にくれることに等しい」(『コミュニティ』、ちくま学芸文庫)と述べています。

男性の所得を期待できる女性は、ともすると自由に見えます。しかし、大切なことなので繰り返しますが、それはあくまで男性優位社会のなかで正式なメンバーとして認められていないことの裏返しです。例えば、夫からＤＶの被害にあっていても、生活の保障がないために離婚できない女性もいます。経済的に自立できない状況で自由があっても、そこには常に不安がつきまとうのです。反対に、男性の場合には社会人として認められる安心を手に入れられても、あまりにも自由がないのも事実です。

性別によって役割が明確に分けられていれば分けられているほど、自由と安心の割り振りが極端になってしまいます。逆に言えば、〈男らしさ〉／〈女らしさ〉という二分法にとらわれなければ、自由も安心もほどほどに確保できる可能性があるわけです。女性差別は男性の生き方も強く規定します。したがって、女性のために解消してあげるのではなく、男性にとってもジェンダーの問題は当事者意識を持って考えるだけの価値があるのです。

なぜ多様性が重要なのか

それでも自分は「普通」、つまりこれまでの男女のあり方にこだわりたいという人もいると思います。実際、ジェンダーにとらわれなくてもよいという主張に対しては、男女はそれぞれ〈男らしく〉／〈女らしく〉生きるべきだと反対する意見があります。そして、それを実現する生き方が、「男は仕事、女は家庭」だと言うのです。ここで理解して欲しいことが二つあります。一つめは、そうした「普通」に対して、人々の意識は変わってきている点です。

性別役割分業が最も普及した高度成長期の日本では、結婚は意識の上でも現実としてもを問わずつらい思いをします。あまりにも「普通」であったために、こうした時代に独身だった人は性別を問わずつらい思いをします。どこか問題があるに違いないという偏見を持たれ、実際に差別を受けることもありました。

一九八〇年代には未婚化・晩婚化が社会問題として語られるようになりますが、ＮＨＫ放送研究所が一九七三年以来五年ごとにおこなっている「『日本人の意識』調査結果の概要」（第10回調査、二〇一八年）によると、すでに一九九三年の段階で、結婚することについて「必ずしも結婚する必要はない」という回答は五一％であり、「結婚するのが当たり前だ」という考えを上回っていました。今日では「必ずしも結婚する必要はない」は六八％にまで上昇し、「結婚するのが当たり前だ」は二七％まで下がっています。結婚するかしないかは個人の自由だという考えが広がっているのです。ちなみにこの調査は、全国の一六歳以上の国民五四〇〇人を対象に個人面接というやり方でおこなったものです。

結婚後の女性の働き方に対する意識も見てみましょう。一九七三年には「結婚したら、家庭を守ることに専念したほうがよい」（以下、家庭専念）が三五％、「結婚しても子どもができるまでは、職業をもっていたほうがよい」（以下、子ども優先）が四二％で、「結婚して子どもが生まれても、できるだけ職業をもち続けたほうがよい」(以下、就業継続)は二〇％と低い割合でした。家事と育児が女性の役割だと見なされており、実際に専業主婦が多かったのが七〇年代です。

しかし、すでに一九八三年には家庭専念と就業継続が二九％で並びます。一九九八年になると、就業継続は四六％で子ども優先を上回りました。最新の数字では、就業継続が六〇％まで上がり、家庭専念は八％にすぎません。これまで見てきたように、現実としては仕事と家庭の両立はまだまだ厳しい状況です。でも、少なくとも意識の上では、かつての「普通」はすでに「普通」とは言えなくなっています。

二つめは、「普通」に当てはまらない人々が目立つようになっていることです。生涯未婚率の高まりからも分かるように、現代の日本では、着実に未婚化が進んでいます。現時点で四人に一人の男性が生涯未婚なのですから、すでに「特殊」な生き方とは言えません。いま一〇代のみなさんが五〇代になる頃には、もっと多くの人が結婚をしなくなっていると予想されています。

また、日本では異性としか結婚はできません。それもあって、同性愛は「おかしい」という偏見は根強いですが、いまでは二三の自治体で同性パートナーシップ制度が導入され（表3）、四二六組のカップルが公的に認められています。

同性カップルの場合、家を貸してもらえない、あるいは、パートナーが病院に入院した際に親族ではないからと病室での付き添いを拒否されるといった問題があります。また、法的な結婚制度が利用できないので、遺産の相続なども認められません。

表3　パートナーシップ制度のある自治体

地方	都道府県	市町村
北海道・東北地方	北海道	札幌市
関東地方	東京都	江戸川区 渋谷区 世田谷区 豊島区 中野区 府中市
	群馬県	大泉町
	栃木県	鹿沼市
	千葉県	千葉市
	神奈川県	小田原市 横須賀市
近畿地方	三重県	伊賀市
	兵庫県	宝塚市
	大阪府	大阪市 堺市 枚方市
中国地方	岡山県	総社市
九州・沖縄地方	福岡県	福岡市 北九州市
	熊本県	熊本市
	宮崎県	宮崎市
	沖縄県	那覇市

（2019年7月現在）

渋谷区は、二〇一五年四月から施行された「男女平等及び多様性を尊重する社会を推進する条例」に基づき、全国の自治体でもっともはやく同性パートナーシップ制度を導入しました。僕は渋谷区の男女平等・多様性社会推進会議の委員を務めていますので、こうした制度の意義と限界について、適宜、渋谷区のケースを参照しながら見ていきましょう。

まず、どこの自治体の制度にも当てはまることですが、公的にパートナーとして認められることで、家を借りたり、入院したパートナーに付き添ったりしやすくなります。渋谷区では、同性カップルであることを理由に家の入居を認めない大家や仲介業者に対しては、区が指導するだけではなく、名称を公表します。

渋谷区の場合、パートナーシップ証明書の申請にあたっては、任意後見契約と合意契約についての公正証書を作成する必要があります。結婚制度とまったく同じとまではいかないものの、これによって財産やお互いの生活の面倒などについての権利と義務が保証されます。

もちろん、パートナーシップは解消することもできます。異性間の結婚に離婚が認められているのですから当然です。その場合は、渋谷区に報告し、パートナーシップ証明書を返還する必要があります。

もっとも大きな限界は、自治体の条例で対応している以上、そこに暮らすカップルにしかパートナーシップ証明書を発行できないことです。現在、二三の自治体でしか制度がないわけですから、利用できる人はごくわずかです。加えて、制度のある自治体に二人で住んでいたとしても、一人が転勤などの理由で引っ越しをすると、カップルとして公に認められなくなってしまいます。

加えて、同性愛を含めたセクシュアルマイノリティの問題に取り組む自治体でも、男女平等に関連する予算や職員の人数がほとんど変わらないことがあり、就労支援やDV被害といった女性問題や男性相談などの事業はその分だけ手薄になることが懸念されます。対応する領域が広がったにもかかわらず、予算も人員も増やさないのであれば、自治体の先進性をアピールするためにセクシュアルマイノリティを利用していると批判されても仕方がありません。

従来の「普通」にこだわる人々は、未婚化の進行や同性愛者の権利が認められていくことに対して、秩序が乱れると文句を言います。果たしてそうでしょうか。茶髪禁止の学校は少なくありません。でも、日本人でも元から髪の毛が茶色い人もいますし、日本で暮らす外国人も増えています。校則を守らない生徒ではなく、むしろ現実に合わない校則を押しつけることの方が、無意味な「違反」を増やしてよほど秩序を乱しているのではないでしょうか。同じように、男女のあり方についても、現実の変化に合わせて意識も制度も変えていかなければ、かえって社会の混乱を招くだけです。

自分の想定から外れる事態に対しては、誰でも「恐れ」を抱きます。ほとんどの人は、男子は女子を、女子は男子を好きになることに疑問を持っていません。同性愛の人が現れると、異性愛/同性愛という区別があることに気づかされます。だから、排除したり、差別したりしようとするのです。こうした個人的な不安の解消にあたかも大義があるかのように振る舞うのは、明らかに浅はかだと言えます。問題をすり替えるのではなく、素直に自分は嫌だとか違和感があると認めるべきです。

変わる職場

二〇一七年の日本社会学会では、僕が司会を務めたジェンダー部会で、クィア・スタディーズの研究者である森山至貴さんが、「『男子、ちゃんと歌って！』の歴史社会学——『変声期』男子の教育をめぐって」という興味深いタイトルの発表をしました。要旨は日本社会学会のホームページに掲載されていますので、興味があれば読んでみてください。残念ながら本書ではほとんどあつかえませんでしたが、クィア・スタディーズとは、簡単に言うとセクシュアルマイノリティについての学問分野です。

みなさんも合唱コンクールの練習で、女子から同じような注意を受けたことがあるかもしれませんね。他にも、女子に掃除を押しつけて、男子はサボるなど、「真面目な女子／不真面目な男子」という構図は学校でしばしば見られます。はっきり言って、そうしたいいかげんな態度は、いまのうちに改めておいた方が身のためです。

僕がある企業で担当した若手の女性社員を集めた研修で、「男性上司の振る舞いで気になることはありますか」と聞いてみました。そこで出てきたのが、「お土産を買ってきたから、配っておいて」という上司の言葉です。

お茶汲みだけがセクハラなのではありません。飲みたい人がお茶をいれればいいのと同様に、お土産だって買ってきた本人が配ればいいだけのことです。ここでは、自分がやると面倒なことを、女性に押しつけていることが問題視されています。要するに、「深いところで女性を舐《な》めている」態度を取る男性を、女性たちは不愉快に思っているということです。

そもそも男女は対等なのですから、軽くあしらうこと自体がダメなのですが、それに対して、女性はかつてよりも強く異議を唱えるようになってきています。寿退社は減り、二〇一〇年代前半からは、子どもを産んでも育休を取得して復帰する女性が急速に増えました。この問題の背景には女性の働き方の変化があります。

働き方改革や女性活躍推進の流れもあって、今後はさらに多くの女性が結婚しても出産しても働き続けることになるでしょう。女性が働く理由は人それぞれです。経済的な自立を目指している、もしくはやりがいかもしれませんし、お金が必要なのかもしれません。いずれにしても、大切なことは、会社が女性にとっても働き続ける場所になってきたことです。

これまでは男性の不愉快な言動も、「こんな会社辞めてやる」と思えば、我慢して見逃すことができました。しかし、働き続けるのであれば、耐えられなくなるのは当然です。独身の人が増えていることも合わせて考えると、みなさんの世代では、もしかすると制度そのものがなくなっている可能性もありますが、女性でも定年まで働くことが「普通」になっているでしょう。

高校生のうちに面倒なことは女子に任せようという考えを捨てて、男女は対等という感覚を身につけておかなければならないのです。今後、職場には、ますますフルタイムで働く女性が増えていきます。少子高齢化で働き手が不足するのは確実なので、外国の方々を含めてより多様な人々が一緒に働くようになります。

端的に言えば、企業でも社会全体でも、競争よりも協調が大切になっていくわけです。近い将来、協調が重視されるようになった職場では、受験、就活、そして、社内の出世レースに勝った男性たちが、新しい価値観について行けずに取り残される危険性があります。

会社のような組織では、個人として優れているだけでは仕事ができません。そのため、ビジネス書などでは、しばしば「巻き込む力」の重要性が説かれています。確かに、人の上に立つ上では重要な能力の一つだとは思います。

職場が男性ばかりだった頃は、競争に勝った者が組織を管理し、上意下達《じょういかたつ》で全体を動かしていました。ほとんどの人が結婚し、サラリーマンと主婦という組み合わせが多数派だった時代には、プライベートを犠牲にしてでも仕事に注力する男性社員を増やすことが、上司に要求される能力だったと言えます。

しかし、これからは多様な人が一緒に働くだけではなく、介護や育児のために時短勤務をしたり、休業を取得したりと様々な働き方をする人がともに働くようになっていきます。そうした職場で、各々の事情を無視して「男社会」では評価されていた「巻き込む力」を発揮すれば、それは単なるハラスメントです。

最近では、部下の仕事と家庭の両立に理解があり、自分自身もただ働くだけではなく、生活が充実している上司をイクボスと言います。これからの時代の上司に求められているのは、「巻き込む力」よりも、人に「任せる力」や相手の立場への「想像力」なのです。

日本におけるメンズリブ運動

現代では「男社会」の問題性が一般的に議論されるようになりましたが、すでに一九九〇年代には高度経済成長期に形成された男性像に対する異議申し立てがおこなわれていました。メンズリブ運動です。

日本で最初の男性運動グループであるメンズリブ研究会は、一九九一年に大阪市で活動を開始しました。フェミニズムに親和的な立場をとりながらも、男らしさによって抑圧され、傷ついてきた男としての自分の経験に着目した運動を展開した点に、メンズリブ研究会の独自性があります。男女雇用機会均等法が施行され、セクシュアル・ハラスメントが新語・流行語大賞を受賞するなど「女性問題」に注目が集まった八〇年代を経て、女性と共に「女性問題」を考えるだけではなく、一部の男性は当事者として男性が男性であるがゆえに抱えてしまう「男性問題」に向き合うようになったのです。

一九九五年、メンズリブ研究会が主体となって、日本初の男性センターであるメンズセンターが大阪市に誕生しました。翌一九九六年には、「集まる、出会う、語る、熱くなる――いま、男たちがおもしろい！」をキャッチフレーズに、京都市で第一回「男のフェスティバル」が開催されています。

「男性問題」を語る場を「男性会議」ではなく、あえて「男のフェスティバル」としたのは、感情表現よりも論理を優先してしまう男性に対する牽制《けんせい》の意味があったそうです。メンズリブのグループは東京や岡山でも結成され、その後も、奈良、埼玉、神奈川、福岡、沖縄と全国的な展開をみせます。

一九九〇年代は景気の悪化によって「サラリーマン的生き方の危機」をめぐる議論が盛んでした。そのため、一九九〇年代の半ば以降には、ジェンダーや市民運動に関心がなかった男性が、メンズリブの活動に参加しはじめます。ジェンダーの視点をふまえて、「男性問題」に意識的に取り組む層が牽引し、経済状況の変化によって自分の生き方に疑問を持ちはじめた男性を巻き込むことで、メンズリブ運動は広がっていったのです。

一九九〇年代には勢いを見せたメンズリブ運動でしたが、二〇〇〇年代を迎える頃にははやくも衰退していた感が否めません。ともに社会学者の大山治彦さんと大束貢生さんは、日本のメンズリブ運動が抱えていた課題を、「①コーホートやライフステージの違いによる問題意識のずれが大きいこと、②運動のひろがりとともに、参加者の質が変化してきたこと、③運動にヘテロセクシズムがあること、そして④クィア・パラダイムへ適応すること」の四点にまとめています(「日本の男性運動のあゆみ」岩波書店)。ひと口に男性といっても、そのなかに世代やセクシュアリティによる多様性が存在します。様々な立場の男性が参加したことによって、メンズリブ運動はまとまりを欠くことになってしまいました。

こうした内部の軋轢《あつれき》よりも運動の足枷《あしかせ》となったのは、当時の日本社会における〈男らしさ〉でしょう。メンズリブ運動に初期から参加する中村彰さんは、妻の看護を理由に仕事を月に二〇日休み、出社した日でも午前中で職場を後にする生活を送った経験を持っています。その際、中村さんは周囲からの視線によって「男性問題」の存在を強く実感したそうです。

> 妻の病院に通うと、看護婦さんや周りの患者さんから「よく面倒みてあげられますね」とねぎらいを受けます。一方で妻は「お宅のご主人、大丈夫なの」と訊ねられました。夫が病院に長い時間いるようだが、仕事はほっておいていいのかと心配されたのです。私は、妻の大事に横についている男の行動がそのように映ることを知り、男性問題を体感しました。
>
> （中村彰「男と仕事――男たちの自由人宣言」、傍点筆者）

中村さんの回想から見えてくるのは、看護に限らず、男性が介護や育児も含めた「お世話」にかかわるのは、フルタイム労働に支障がない範囲でという「常識」の強固さです。一九九〇年代の日本において、学卒後の男性が「普通」と見なされるためには、「フルタイム労働に従事している」ことが決定的に重要でした。そのため、男性の働き方の根本的な見直しというメンズリブ運動の主張が、一般には受け入れられなかったのです。

働き方以外の論点についてはどうでしょうか。二〇代のメンバーが中心であったメンズリブ東京では、仕事に加えて、家族、パートナーシップ、セクシュアリティ、オタクをテーマとする部会を設けていました。各部会のキーワードを挙げていくと、「アダルト・チルドレン」「マザコン」(家族部会)、「恋愛シャイマン」「ストーカー」(パートナーシップ部会)、「性幻想」「女装願望」(セクシュアリティ部会)、「オタク」「ロリコン」(オタク部会)といった内容になっています。

男性の被抑圧性に着目して、男同士で安心して弱音を吐き、悩みを打ち明けられる環境を形成しようとした点にメンズリブの斬新さはありました。しかし、積極性や論理性が評価される従来の〈男らしさ〉からすれば、消極的で感情を露わにする〈男らしくない〉態度や意識こそが「社会問題」であり、「マザコン」、「恋愛シャイマン」あるいは「オタク」といった議題は「瑣末」な問題であると理解されてしまうのです。メンズリブが批判するような〈男らしさ〉がいまだに強固であったために、男性の「生きづらさ」を「社会問題」として提示するメンズリブの試みは挫折してしまったのです。

不全感と攻撃性

アメリカでも男性運動はありますが、日本のメンズリブ研究会のような親フェミニズム的な運動だけではなく、様々な立場から展開されています。そのなかの一つに「男性の権利運動」というアンチフェミニストによる活動があります。離婚した際に男性の親権が認められにくいこと、男性の自殺率の高さ、あるいは、レイプ事件の冤罪などを根拠に男性は女性に権利を奪われており、男性こそが被害者だと主張するのが基本的なスタンスです。男性だけではなく、女性で参加している人もいます。

このグループの最新の動向が、Netflix『世界のバズる情報局』内の「男性の権利」で紹介されています。かねてから女性を敵視する姿勢は顕著でしたが、今日ではネットで触発された集団がさらに過激化し、女嫌いで憎しみに満ち、女性に実際に暴力を振るうと発言しています。もっとも酷いものでは、女性に対するネット上での殺害予告もあるそうです。

番組では、運動に参加する人々は社会に対する怒りを抱き、加えて、生きる目的がないと感じており、危険な組み合わせだという専門家の意見が紹介されていました。社会心理学の知見では、自分の所属する集団の社会的な評価が低いにもかかわらず、自己評価の高い人が、他人を見下すことでプライドを保とうとする傾向があると指摘されています。女性に対する嫌悪をミソジニーと言いますが、自分自身の不全感なのに、問題をすり替えて女性に対する攻撃で解消しようとしているわけです。

日本にも似たような事例はあります。高学歴で社会的に高い地位についているにもかかわらず、不全感を抱き人を攻撃してしまう人たちがいます。社会学者の宮台真司さんはこの現象について、二つの要因を指摘します。一つは、不適切な目標設定です。高度成長期のように、努力すれば三種の神器や三Cのようなモノが手に入り豊かさを実感できる時代であれば、人よりも勉強に励み、懸命に働くことが適切な目標となりますが、一通り社会にモノが行き渡ってしまうと、競争への煽りは形式的に残っているだけで実質的にはかつてよりも意味がなくなってしまいます。だから、目標を達成してもあまり手応えがないのです。

もう一つは、頑張っても地域共同体からの承認が得られなくなったことです。宮台さんは「昔だったら故郷に錦を飾るエリートになれたはずの、しかしもはや、それがありえない人たちが、ママに言われて一生懸命頑張って、「いい学校、いい会社、いい人生」的な地位を達成したはずなのに、実際には「なんなんだ、これは?」ということになるのです」(『社会という荒野を生きる。』ベスト新書)と説明しています。

一九五九年生まれの宮台さんが東京大学の学生だった頃には、大学の先輩たちが実家に帰省すると軍楽隊が出迎えてくれることもあったそうです。親だけではなく故郷が、東大に通っている自分を祝福してくれたからこそ、地位を達成した充実感を得ることができました。

現代では、競争のゴールが分かりにくくなり、目的もなくただ受験勉強に励んで結果を出しても、十分な満足感を得るのが難しくなっています。そうだとすれば、ただ言われるがまま競争をし続けるのではなく、煽りをいかに鎮めるかを考える方がみなさんの人生にとっては価値があると言えます。

比較をやめる

小さい頃から男子には〈男らしさ〉が求められ、みなさんはそれを身につけてきました。急にとらわれないようになるのは難しいでしょう。あるいは、自分がこだわらなくても、草食男子が否定的な意味で使われる言葉になってしまったことからも分かるように、〈男らしさ〉を周囲から期待されることもあります。

身長が高い／低い、運動神経が良い／悪い、性格が明るい／暗い、見た目が良い／悪い、部活が体育会系／文化系、高校の偏差値が高い／低い、友達が多い／少ない、つき合っている女子がいる／いない、住んでいる地域が都会／田舎など、他人と比べられることはいくらでもあります。こうした様々な項目を比較して自信を持ったり、コンプレックスを感じたりしているわけです。

考えてもみてください。偏差値や身長が高く、運動神経が良くて、性格が明るく、見た目が良くて、体育会系の部活に所属し、友達がたくさんいて、彼女もいて、都会に住んでいる男子高校生なんてどこにいるのでしょうか。そんな男子はどこにもいません。あらゆる競争で勝つことなどできないのです。

いや自分の知り合いに「完璧」な男子がいるという人もいるかもしれません。それでは彼は生涯にわたって勝ち続けることができるでしょうか。「進学校」から「難関大学」へ入学、首席で卒業して「一流企業」に勤め、同期でもっとも早くに出世をして、「いい家庭」を築く。いずれは社長になり、その地位も退職するまで安泰である。定年後は喪失感も孤独感もまったく抱かず、家族や地域の仲間に囲まれて楽しく暮らす。そんな一生はありえません。

一〇〇歩譲ってそうした一生があるとしましょう。仮にありえたとしても、競争に勝って得たものは、競争によって失われる可能性があります。例えば、失言をして辞任する大臣もいれば、経営に失敗して大企業の社長が失脚することもあります。社長になったから安心だというわけにはいきません。はたからは「安泰」に見えていても、実際には、地位が高ければ高いほど本人はハラハラしているものです。

少年向けの格闘マンガではよくある展開ですが、例えば、世界的に人気があり、ハリウッドで映画化もされた『ドラゴンボール』(鳥山明、集英社)では、主人公の孫悟空がフリーザを倒すとそれより強いセルが登場し、セルを倒すとさらに強い魔人ブウが現れるといったストーリーが展開します。

競争に煽られる人生は、強敵に勝つと、息もつかせず、さらなる強敵が現れるといった感じです。マンガなら面白いかもしれませんが、自分の人生としていかがですか。「難関大学」に入れば、確かに親や周囲は「安心」するかもしれません。でも、他人との比較でしか自分の価値を測れなければ、長い人生のなかで落ち着く日は来ないでしょう。

社会の変化はゆっくりですが、自分であれば変えていけることはあるはずです。競争に勝ち負けはつきものですから、〈男らしさ〉を期待されてきたみなさんは自分と人を比べることに慣れてしまっているわけですが、比較を意識してしないようにするだけで、〈男らしさ〉とずいぶん上手く向き合えるようになります。なにかにつけて、いちいち勝っただの負けただの思う必要はないのです。

見栄とプライドの違い

競争を通じて人は成長できるし、他人と比較するから向上心を持てるという意見もあるでしょう。先ほども例にあげた『ドラゴンボール』では、孫悟空にピッコロやベジータといったライバルたちがいます。競い合うからこそ強くなれるというのは、少年マンガでは定番の展開ですね。

まず、理解して欲しいのは、もちろん切磋琢磨して成長できる人もいますが、男だからといって、誰でも競争をすれば能力が高くなるわけではないことです。プレッシャーを感じて、かえって力が発揮できない人もいます。競争が苦手でも、競争に興味がなくても〈男らしくない〉と恥じる必要はありません。性別で自分のあるべき姿を判断するのではなく、自分がどのようなタイプなのかを知ることが大切です。

さらにこの論点で重要なのは、見栄とプライドを区別することです。一般的に男性はプライドが高いと言われますが、その場合、ほとんどは見栄っ張りなだけです。見栄とは、人目を過剰に気にして、うわべだけを取り繕おうとする態度です。見栄を張りたい人は、常に自分と他人を比較し、自分が勝たないと満足できません。

見栄にこだわる男性は、常に人を見下していないと「安心」できなくなっています。軽んじられる他人からすれば迷惑なだけですし、本人にとっても、いつまでも人との比較から抜け出せなくなってしまうという問題があります。「弱さ」を認められないと自分も傷ついてしまうのです。

それに対して、プライドとは、何かを達成した際に、その人が成果に誇りを持つことで生まれる感情です。試行錯誤し、努力しなければプライドを確立することはできません。他人との比較ではなく、自分の納得が重要になります。

第3章で紹介した寺田君の恋愛観を思い出してください。これまでの経験から、たくさんの女子とつき合うよりも、自分のペースで恋愛をする大切さを理解していました。プライドをしっかり確立できれば、周囲からあれこれ言われても左右されることもなくなります。要するに、他人との比較で自分の価値を測る必要がないのです。

見栄とプライドの違いについて、もう少し考えてみましょう。以前、文化放送のラジオ番組『大竹まこと　ゴールデンラジオ』に、対談本『中年男ルネッサンス』(イースト新書)でご一緒したお笑いコンビ・髭男爵《ひげだんしゃく》の山田ルイ五三世さんと出演しました。大竹まことさんは芸歴五〇年の大ベテランで、みなさんの世代だとテレビでコメンテーターなどもしていらっしゃるので文化人のイメージがあるかもしれませんが、元々はお笑い芸人です。

僕と山田さんは同じ一九七五年生まれの四〇代なので、『中年男ルネッサンス』では、中年の男性がどう生きるかを二人で議論しました。せっかくの機会ですので人生の先輩である大竹さんに、これからどうやって年を重ねていけばいいのかをたずねました。

高校生でも中学時代よりいい服や時計を買いたいと思ったことはありませんか。四〇歳にもなると時計やバッグなどは、「ひとかどの人物」として高級品を持っていなければというプレッシャーがあります。どうすればいいのかという僕たちの疑問に対して、大竹さんは「時計は威張る」と印象的なことを言いました。

もちろん、個人的なこだわりがあって趣味として時計を集めている人もいます。それを他人がとやかく言うべきではありません。一方で、何十万円もする高級な時計を腕に巻くとき、若者とは違う自分、そして、同世代のなかでも社会的に「成功」している自分を見せつけようとする人もいます。あからさまに「いい時計をしていますね」と言われたそうにしている場合さえあります。

これは明らかな見栄であり、まさに「時計は威張る」です。その日、大竹さんは非常にシンプルな時計を身につけていました。他人がどう思うかではなく、自分の基準で時計を選んでいるからでしょう。

人生の答えが聞けそうだと前のめりになる僕たちに、大竹さんは若い人にもいろいろアドバイスしてあげたいけれど、自分には信念がない、確固たるものがない、揺れている、六九歳になっても分からないことだらけだと率直に話してくれました。人は何歳になっても、そして、大御所のタレントさんであっても悩みは尽きないのです。

それに対して、山田さんが「でも阿佐ヶ谷《あさがや》姉妹《しまい》とか後輩の芸人にはダメ出ししますよね」とツッコミを入れたところ、大竹さんはすぐさま「芸はするさ。五〇年やってるんだから」と返しました。芸能界で試行錯誤し、努力してきた大竹さんは、笑いの仕事にプライドを持っていることが分かります。

勉強や仕事に真剣に打ち込んだ結果としてプライドを確立しても、人生のあらゆる悩みが解消するわけではありません。プライドさえ持てれば人生は安心というわけにはいかないのです。でも、自分なりの価値観は明確になりますし、あらゆる面で人と比較して勝った負けたと一喜一憂する必要はなくなります。それだけではなく、大竹さんは後輩の芸人さんにダメ出しをしていましたが、培ってきた経験を人のために活かしたいと思えるようにもなるはずです。

見栄を張るのは簡単ですが、プライドは容易に確立することはできません。高校生の段階では部活や勉強、あるいは、友情や恋愛で試行錯誤を重ねていけばいいと思います。レギュラーになれなくても、志望校に合格できなくても、友達と喧嘩したり、恋人と別れてしまったりしても、それが経験となって活きる場面が人生のなかで必ずあります。失敗を恐れる必要はありません。

自分のなかの多様性

テレビなどでは、アイドルの女性なのに大食い、あるいは、プロレスラーの男性なのにスイーツが好きなど、外見から連想されるイメージと行動のギャップがしばしば利用されています。イメージはあくまでこちらが相手に対して一方的に持っているものですから、バラエティ番組の視聴者としてなら許されても、現実に目にした際に笑うのは失礼です。たくさん食べる小柄で可愛らしい女性も、甘いものが好きな体格がいい強面の男性も実際にはいくらでもいます。

いろいろなことにチャレンジしていると、自分がいかにたくさんの思い込みをしているかが分かります。とりわけ友情や恋愛といった深いコミュニケーションが求められる対人関係では、そうした気づきを多く得ることができるはずです。人間はマスメディアに流通するイメージのように単純ではありません。

多様な個性があるだけではなく、一人ひとりのなかにも様々な側面があることをふまえれば、そもそも男性／女性というたった二つのカテゴリーに押し込めるのは無理があるのではないでしょうか。社会の多様性を画一的なルールで統制すると、かえって秩序が乱れるのと同じです。

したがって、〈男らしさ〉／〈女らしさ〉を他人に強要しないことはもちろん重要です。デートをして女子が食事代は割り勘にしようと提案しているのに、男子の自分が払いたいと言い張るのは、まさに〈男らしさ〉／〈女らしさ〉の押しつけです。

それに加えて覚えておいてほしいのは、男子のみなさんが「男」という縛りに振り回される必要はないということです。自分のなかの多様性に気づき、それを大切にしてください。

可愛いものが好きでもいいし、少女マンガを読んでも大丈夫です。

高校デビューという言葉があります。中学時代には地味や暗いといったイメージだったのに、高校生になって明るくなったり、派手になったりすると批判されるわけですが、とてもくだらない発想です。この言葉には、蔑んでいた相手をいつまでも見下していたいという願望、そして、それができなくなるかもしれないという恐れが含まれています。

時が経つにつれて、人は変わります。自分も同じです。そうした意味でも、一人ひとりの人間には多様性があります。変化が必ずしも成長と呼べない日もやってきてしまうのが人間の悲しいところですが、高校生のみなさんは人も自分も変わるということを理解しておけば十分でしょう。自分のイメージと変わっているからといって人を責めるべきではありませんし、かつての自分といまの自分が違うからといって、恥ずかしがらなくてもいいのです。

積極的寛容と消極的寛容

これからの社会で重要なのは、様々な立場の個々人がお互いを尊重すること、そして、それを通じて全体としての社会の秩序を保っていくことです。いかにして多様性を許容するかを考える際、寛容が重要なキーワードとして浮上してきます。分かりやすく言えば、「やさしさ」が大切だということです。

さきほど、結婚や子どもを持つことについての意識が変わっているというデータを紹介しました。いずれも個人の自由と考えることが主流になっている点をふまえると、日本はすでに他人の生き方に干渉しない「やさしさ」の溢れる社会なのではないかと思うかもしれません。気をつける必要があるのは、結婚にしても子どもを持つことにしても、一般的な意見をたずねているのであって、自分自身がどうしたいかと聞いているわけではない点です。一般的な質問と自分に関する質問で答えが異なるのは、社会調査では常識です。この場合も、仮に、「あなたは結婚したいですか」や「あなたは子どもが欲しいですか」と聞いたら、結果は大きく違ってくるはずです。おそらく、いまでも多くの人は、自分は結婚したい、子どもが欲しいと回答するでしょう。みなさんはいかがですか。

一見すると「やさしい」態度は、他人に興味がないことの裏返しとも理解できます。社会学者のピーター・L・バーガーさんと哲学者のアントン・ザイデルフェルトさんは、こうした無関心に基づく「やさしさ」は消極的寛容であるとし、自分とは違う価値観を持つ人達への敬意と開放性を特徴とする「やさしさ」である積極的寛容と区別しています。いくつかの社会問題を取り上げて、二つの「やさしさ」の違いについて考えてみます。

毎年四月になると、テレビや新聞で保育園の待機児童問題が大きく取り上げられます。共働き世帯が多くなり、入園希望者が殺到するためです。自治体なども保育園を作る努力はしているのですが、それよりも入園希望者の数が上回ってしまう状況です。解消しなくてもいいと考えている人はあまりいないと思います。

しかし、いざ近所に保育園が建設されるとなると、反対する住民もいます。横浜市の副市長を務めていた前田正子さんによれば、「保育所から覗かれてプライバシーがなくなる」「結果として地価が下がる」などといった建設に反対する理由が住民にはあるそうです。横浜市のビルの低層階にある保育園では、「子どもの声がうるさい」という苦情があり、園庭に物を投げ落とす人もいたため、ネットを張らなければならなくなりました(『保育園問題』中央公論新社)。

セクシュアルマイノリティに関しては、マツコデラックスさんを筆頭に、テレビで見かけない日がないほどになっています。その意味では「身近」になっていると言えますが、自治体が同性パートナーシップ制度を作ると、苦情を言ってくる住民がいます。全国で二三の自治体にしか制度がないので、証明書の発行を目的に引っ越しをするカップルもいるからです。画面の向こう側にいる分には「おもしろい」存在として消費しても、自分たちの街に住むのは許さないというわけです。

働き手が不足する日本ではますます必要になる外国人労働者についても、同じことが言えます。日本で働くからには、当然、日本に住むわけですが、外国人が集団で暮らす地域では、ゴミ出しのルールを守らないだとか、夜騒ぐといった苦情が出るようになります。日本で働くのはいいけれど、住んではいけないのでしょうか。

どの問題でも共通しているのは、こちらに合わせてお前が変われという一方的で自分本位な態度です。無関心に基づく「やさしさ」は、「異質」なものと実際に接触すれば簡単にその裏にある不寛容が露呈します。それに対して、積極的寛容には敬意と開放性という特徴があります。相手に敬意を求めるのであれば、自分も敬意を払う必要があります。相手に変化を期待するのならば、こちらも変わらなければなりません。保育園は近隣に配慮しなければなりませんが、住民も保育園に気を使うことが求められるということです。多様性が認められる社会には、この意味での「やさしさ」が必要なのです。

こうした積極的寛容を社会に根づかせていくためには、多様な人がお互いに顔をつきあわせて対話をするしかありません。知り合いに同性愛者がいて日常的に接していれば、偏見は解消されていくでしょう。長時間の深いコミュニケーションを交わすうちに、人はお互いの思考に影響を与え、相手を「おかしい」と思うことはできなくなるのです。これを認知的感染と言います(ピーター・バーガー他『懐疑を讃えて』新曜社)。

「やさしい」社会の実現で変わる男性の生き方

これからの時代、男性の働き方や生活はどのように変わっていくのでしょうか。この点について、僕が委員を務める厚生労働省イクメンプロジェクトの取り組みを紹介しながら考えてみたいと思います。

イクメンプロジェクトは、育児休業の取得を含め、男性も子育てに積極的にかかわれる環境の実現を目指す取り組みです。社会に広くアピールするために、毎年、企業を対象としたイクメン企業アワードと個人を対象としたイクボスアワードの表彰をおこなっています。評価のポイントは、企業では「育児と仕事の両立推進」、個人では、「部下の育児と仕事の両立への配慮」、「仕事の効率化」、「自分の仕事と生活の充実」の三点です。

二〇一八年度にイクメン企業アワードを受賞したITサービス企業の日本ユニシスは、二〇一七年度の男性育児休業取得率が一七・六%でした。同年度の全国平均が五・一四%ですので、従業員数四〇〇〇人を超える大企業としては非常に高い数値だと言えます。

さらに注目したいのは、取得日数です。平均で七

三日、最も短い人でも二七日となっています。これだけの期間があれば、育児にかかわれるのはもちろんのこと、産後に母親が体をしっかりと休めることができます。イクメン推進シンポジウムでの表彰式で、日本ユニシスの担当者の方にお会いした際に、どうしてこれだけの長期間休みが取れるのかを聞いてみました。返ってきたのは「男性を対象とした取り組みはもちろんやっていますが、会社全体でダイバーシティ推進に取り組んでいる成果だと思います」という答えでした。

国も企業も男性の育児休業取得率を上げるために、頭を悩ませています。しかし、そうした捉え方は視野が狭く、結局、根本的な問題解決に至りません。多様な人が多様な働き方をできる会社になれば、自然と希望する男性が長期間の育児休業を取得できるわけです。

二〇一八年度のイクボスアワードグランプリを受賞した日本航空株式会社運行本部副部長の北原宗明さんとは、月刊誌『厚生労働』(二〇一九年四月号)の座談会でゆっくりお話しをする機会がありました。少し意地の悪い質問ですが、北原さんには独身の人も増えるなかで、両立支援の取り組みがどれだけ社員の理解を得られるのかを聞いてみました。

北原さんの回答は「特別な事情がある社員のために働き方改革をしているわけではない、

という前提に立っています。所定時間のなかでプライオリティーをつけ、最大限のアウトプットをしようという考えで仕事をしています」と、明快でした。育児と仕事の両立を支援するために、独身の人や子どもがいない人にしわ寄せがいってしまえば、社内で不満が高まってしまいます。でも、効率的に仕事をしてみんなが定時に帰れるならば、誰にとっても利益がある取り組みになります。このように全体を俯瞰《ふかん》する視野の広さがあるから、イクボスとして評価されているのです。

紹介したのはどちらも表彰されるような事例ですから、社会全体が変わるのはまだまだ先です。しかし、男性に〈男らしさ〉が求められることの息苦しさ、とりわけ、四〇年にわたって働き詰めになる問題を解決するためのヒントが見えてきます。

個々の男性が意識と行動を変えることはもちろん重要です。しかし、男性が〈男らしさ〉に縛られない生き方をするためには、社会全体でどうするかという視点が求められます。敬意と開放性に基づいた「やさしさ」の価値が理解され、人々に浸透すれば、誰もが多様性に寛容になり、誰もが自由に生きられる社会に近づくはずです。

何のために学び、何のために働くのかという男子高校生の疑問に対して、僕は「やさしい」社会の実現を目指すためと答えたいと思います。こうした目標は、人の役に立つだけではありません。「進学校」から「有名大学」に入学して、「一流企業」に就職できなければ、「人生詰んだ」と思うような価値観からみなさんを解き放ってくれるものでもあるはずです。

主要参考文献

石谷二郎・天野正子『モノと男の戦後史』(吉川弘文館)
池上知子『格差と序列の心理学——平等主義のパラドクス』(ミネルヴァ書房)
伊藤公雄『男性学入門』(作品社)
稲葉振一郎『社会学入門——〈多元化する時代〉をどう捉えるか』(NHK出版)
井上輝子『新・女性学への招待——変わる/変わらない女の一生』(有斐閣)、同『退職記念・最終講義草稿　女性学と私　40年の歩みから』(和光大学現代人間学部現代社会学科)
猪熊弘子・寺町東子『子どもがすくすく育つ幼稚園・保育園』(内外出版社)
岩田正美・大沢真知子編著『なぜ女性は仕事を辞めるのか——5155人の軌跡から読み解く』(青弓社)
梅沢正『サラリーマンの自画像——職業社会学の視点から』(ミネルヴァ書房)
江原由美子「フェミニズムの70年代と80年代」、江原由美子編『フェミニズム論争——70年代から90年代へ』(勁草書房)
大沢真理『男女共同参画社会をつくる』(日本放送出版協会)

大山治彦・大束貢生「日本の男性運動のあゆみ――〈メンズリブ〉の誕生」天野正子他編『新編　日本のフェミニズム12　男性学』（岩波書店）
カー・E・H『歴史とは何か』（岩波書店）
北原みのり編『日本のフェミニズム』（河出書房新社）
倉橋耕平『サブカルチャーと歴史修正主義――90年代保守言説のメディア文化』（青弓社）
三瓶恵子『人を見捨てない国、スウェーデン』、同『女も男も生きやすい国、スウェーデン』（共に岩波ジュニア新書）
杉田真衣「働く若者はどう語られてきたか」小谷敏編『二十一世紀の若者論』（世界思想社）
多賀太『男らしさの社会学――揺らぐ男のライフコース』（世界思想社）、同『男子問題の時代？――錯綜するジェンダーと教育のポリティクス』（学文社）
田中俊之『男性学の新展開』（青弓社）、同「「異性愛」男性の語り方」細谷実・田村公江編著『大学生と語る性――インタビューから浮かび上がる現代セクシュアリティ』（晃洋書房）、同『男がつらいよ――絶望の時代の希望の男性学』（KADOKAWA）
友枝敏雄編『リスク社会を生きる若者たち――高校生の意識調査から』（大阪大学出版会）
豊田正義『オトコが「男らしさ」を棄てるとき』（飛鳥新社）
中村彰「男と仕事――男たちの自由人宣言」メンズセンター編『男たちの「私」さがし――ジェンダー

としての男に気づく』(かもがわ出版)
中村正『「男らしさ」からの自由――模索する男たちのアメリカ』(かもがわ出版)
成田龍一『戦後史入門』(河出書房新社)
日経サイエンス編集部編『別冊　性とジェンダー――個と社会をめぐるサイエンス』(日経サイエンス社)
バーガー・ピーター・L『社会学への招待』、同『聖なる天蓋　神聖世界の社会学』(共に筑摩書房)
バーガー・ピーター・L、ザイデルフェルト・アントン『懐疑を讃えて――節度の政治学のために』(新曜社)
バウマン・ジグムント『コミュニティ――安全と自由の戦場』(筑摩書房)
橋本健二『新・日本の階級社会』(講談社)
深澤真紀『草食男子世代――平成男子図鑑』(光文社)
細谷実『〈男〉の未来に希望はあるか』、同『よく考えるための哲学』(共にはるか書房)
堀内かおる・南野忠晴・和田フミ江『人生の答えは家庭科に聞け!』(岩波ジュニア新書)
前田正子『保育園問題――待機児童、保育士不足、建設反対運動』(中公新書)
松野弘『サラリーマン社会小事典』(講談社)
見田宗介『現代日本の感覚と思想』(講談社)

宮台真司『社会という荒野を生きる。』（ＫＫベストセラーズ）
村田基『フェミニズムの帝国』（早川書房）
森岡正博『草食系男子の恋愛学』（メディアファクトリー）、同『最後の恋は草食系男子が持ってくる』（マガジンハウス）
森山至貴『ＬＧＢＴを読みとく――クィア・スタディーズ入門』（筑摩書房）

【参考ウェブ記事】

田中俊之「未婚の男性が増えることは問題なのか」（情報・知識&オピニオン imidas　https://imidas.jp/jijikaitai/f-40-119-15-07-g557）
同「「おじさん叩き」は、むしろ日本のアップデートを阻む呪いである　これこそが高度成長期の呪縛だ」（現代ビジネス　https://gendai.ismedia.jp/articles/-/57412）
同「あなたたちも予備軍かもしれない。将来、嫌われる「おじさん」にならないために」（Dybe!　https://ten-navi.com/dybe/3364/）

おわりに

ある小説の引用からはじめたいと思います。

たくましい男は美しい

男性解放運動のビラだ。そういえば、今日の昼間もデモがあった。たくましい男は美しい――この言葉はいさぎの胸に響いた。いさぎはとくにスポーツもしないのにたくましい体をしていて、小さいころからずっと劣等感を覚えてきたのだ。

この言葉が時代の価値観になればいいのに――。

このところ男性解放運動がかつてない高まりを見せていた。世紀末になったということが、人々の意識に微妙な変化を与えているのかもしれない。

今年は西暦二一九八年。二十二世紀もあとわずか三年だった。

だが、まだまだ世の中の大勢はかわらない。社会のあらゆる実権は女が握っている。

男は結婚して家庭に入り、家族に尽くすのが義務とされる。二十五歳をすぎても結婚しない者は、ハズレ者といわれて世間からつまはじきされ、まともな職にはつけず、水商売などに従事して生きるしかない。

ハズレ者がいる分、結婚できない女もいるわけで、それはアブレ者といわれて、欲求不満のため粗暴になった。


（村田基『フェミニズムの帝国』ハヤカワ文庫ＪＡ）

一九八〇年代は男女雇用機会均等法の施行や職場でのセクハラなど、女性が女性であるがゆえに抱えてしまう矛盾や葛藤をいかに克服するかに注目が集まりました。一九八七年には、テレビや講演の仕事に、歌手のアグネス・チャンさんが生後数カ月の子どもを連れて行き、それが議論を巻き起こしたりもします。作家の林真理子さんは子連れ出勤を「働く人間としての自負心が許さない。それはあまりにも甘ったれた夢物語だと思う」と批判するなど、論争は加熱しました(朝日新聞二〇一九年二月二〇日夕刊)。

こうした過程でフェミニズムという言葉が世間一般に浸透していきます。社会学者の江原由美子さんよれば、そこには出版社や新聞社などへ女性が進出したことによる送り手側の増加、そして、地道な女性運動の積み重ねによる受け手側の関心の高まりという二つの要因がありました。一九八〇年代は女性問題の時代だったとまとめることができるでしょう。

そうしたなかで、一九八八年に男女の立場が逆転した世界を描いた『フェミニズムの帝国』は発表されました(「おわりに」冒頭)。一九九一年刊行の文庫版に掲載された「あとがき」で、作者の村田基さんはこの小説の意義について、読者が性別役割分担を問題として捉えられるようになることだと述べています。男女ともに相手の性について知る機会が提供されているわけですが、とりわけ普段は優位に立つ男性にとって、自分が差別される側に回る物語は衝撃が大きいはずです。

本書でも協調を求められ、職場でも家庭でも人の「お世話」を期待される女性の困難を、「ガラスの天井」や「ワンオペ家事・育児」といった言葉を使って説明してきました。しかし、男子のみなさんが実感を持って理解することは難しかったかもしれません。日本では男女の不平等がなかなか解消されないので、三〇年以上の時間が経過しているにもかかわらず、残念ながら描かれている内容が古びていません。オチも非常に秀逸な小説なので、ぜひ男子のみなさんには読んでみて欲しいと思います。

ただ、現在では単行本も文庫版もすでに絶版になってしまっています。図書館や古書店にはあると思いますが、男女が逆転した世界が描かれた作品として二〇一八年に制作されたNetflixの『軽い男じゃないのよ』というフランス映画もおすすめしておきます(性的な表現があるので、見ることができるのは一八歳以上かもしれません)。

本書のタイトルは、『男子が一〇代のうちに考えておきたいこと』です。一貫して「常識」を疑う学問である社会学の視座から書かれています。人が「普通」や「当たり前」だと思っていることが、どうして「普通」や「当たり前」なのかを考えてみるのはおもしろいと感じてくれた読者がいれば望外の喜びです。ぜひ大学の学部選びの際には、社会学にも関心を持ってください。

男性がどう生きるかを考える上で、女性問題に対する理解はもちろん必要です。ただ、本書は高校生の男子を対象として男性が抱える問題に力点を置いています。当然のことながら、この問題は「男」である僕にとっても他人事ではありません。すでに四〇代ですが、執筆しながらついつい見栄を張ったり、他人と比較したりするクセが抜けないなと反省しましたし、友達と呼べる人がどれぐらいいるだろうと不安にもなりました。

ただ、日々、男女をめぐる問題について考えているので、自分の「弱さ」を認められるようになった部分もあります。例えば、男女で車に乗る時は、男性が「普通」は運転します。しかし、「運転する」のが「当たり前」ということは、「運転できる」のが前提になります。しかし、僕は免許を持っているものの、運転がとても苦手で、どれくらい嫌いかというと、車で出かけて駐車場まで無事に戻れたとき、今日も事故を起こさずによかったと心の底から思うほどです。正直に妻に話し、もう車の運転はしていません。

我が家には二〇一六年生まれで三歳の息子がいます。特に〈男らしさ〉を押しつけた覚えはありませんが、二歳の時には公園で女の子から「あっちに行きなさい」と言われ、おままごとに入れてもらえなかった経験などもあり、いまではすっかり自分を男の子と認識しているようです。「ピンクの靴もかっこいいよ」と提案しても「ピンクは嫌い。ブルーがいい」と返してくるようになりました。小学校に入るときには、何色のランドセルを選ぶのでしょうか。二〇一九年の夏には二人目の子どもが誕生する予定です。お医者さんからは男の子だと言われています。ここまでに書いたことは、僕の大切な二人の息子にとっても当事者問題です。ですから、本書には二人の息子に伝えたいと思える内容を書きました。日々、言葉にして伝えるだけではなく、成長したら読んでもらおうと思っています。

二〇一六年に第一子が生まれて以降、仕事と家庭のバランスに悩むこともありました。結局、僕は仕事を減らして家庭を大切にする道を選んでいます。世の中には、効率的に仕事をして成果を落とさずに、家事・育児時間を確保するという「理想」のイクメン像があります。確かに、それができるスーパーマンのような父親もいるでしょう。会社側からしても、それであれば認めやすいと思います。でも、普通の男、言わば、フツメンである僕には能力的に無理なので、仕事の時間が減った分、成果は落ちると割り切っています。

毎晩、子どもとお風呂に入り、二一時には一緒に寝て、週末には動物園や博物館に遊びに行く生活ができています。仕事の成果については、具体的には、家族が夫婦二人のときには、年に二冊はこうした新書を執筆できていました。それが二〇一六年一月中旬に第一子を出産した妻が入院するなか、連日の徹夜で脱稿した『男が働かない、いいじゃないか!』以降、書き下ろしの本を一冊も出せていません。本書が実に三年ぶりです。

もしかすると、かっこいいことを言っているように聞こえるかもしれませんが、生活重視のスタイルを選ぶことで仕事ではいろいろな人に迷惑をかけてしまっています。その被害者の一人が、本書の編集者である岩波書店の山下真智子さんです。最初にご提案をいただいてからずいぶんと長くお待たせしてしまいました。しかし、どうにか完成することができました。本当にありがとうございました。

最後に、妊娠して体調が不安定なのに、一緒に協力して励まし合いながら生活してくれる妻、いつも愉快で元気な長男、そして、すくすくとお腹の中で育ってくれている次男に心から感謝したいと思います。

二〇一九年五月

田中俊之

田中俊之
1975年生まれ．大妻女子大学人間関係学部人間関係学科社会学専攻准教授．博士(社会学)．男性学の立場から「日本では“男”であることと“働く”ということとの結びつきがあまりにも強すぎる」と警鐘を鳴らしている．
著書に『男性学の新展開』(青弓社)，『男がつらいよ——絶望の時代の希望の男性学』(KADOKAWA)，『〈40男〉はなぜ嫌われるか』(イースト新書)，『男が働かない，いいじゃないか！』(講談社＋α新書)，共著に『不自由な男たち——その生きづらさは，どこから来るのか』(祥伝社新書)，『中年男ルネッサンス』(イースト新書)など多数．

男子が10代のうちに考えておきたいこと
岩波ジュニア新書 900

2019年7月19日　第1刷発行
2023年6月5日　第4刷発行

著　者　田中俊之《たなかとしゆき》

発行者　坂本政謙

発行所　株式会社 岩波書店
〒101-8002 東京都千代田区一ツ橋2-5-5
案内 03-5210-4000　営業部 03-5210-4111
ジュニア新書編集部 03-5210-4065
https://www.iwanami.co.jp/

印刷・理想社　カバー・精興社　製本・中永製本

ISBN 978-4-00-500900-8　Printed in Japan

岩波ジュニア新書の発足に際して

きみたち若い世代は人生の出発点に立っています。きみたちの未来は大きな可能性に満ち、陽春の日のようにひかり輝いています。勉学に体力づくりに、明るくはつらつとした日々を送っていることでしょう。

しかしながら、現代の社会は、また、さまざまな矛盾をはらんでいます。営々として築かれた人類の歴史のなかで、幾千億の先達《せんだつ》たちの英知と努力によって、未知が究明され、人類の進歩がもたらされ、大きく文化として蓄積されてきました。にもかかわらず現代は、核戦争による人類絶滅の危機、貧富の差をはじめとするさまざまな人間的不平等、社会と科学の発展が一方においてもたらした環境の破壊、エネルギーや食糧問題の不安等々、来るべき二十一世紀を前にして、解決を迫られているたくさんの大きな課題がひしめいています。現実の世界はきわめて厳しく、人類の平和と発展のためには、きみたちの新しい英知と真摯《しんし》な努力が切実に必要とされています。

きみたちの前途には、こうした人類の明日の運命が託されています。ですから、たとえば現在の学校で生じているささいな「学力」の差、あるいは家庭環境などによる条件の違いにとらわれて、自分の将来を見限ったりはしないでほしいと思います。個々人の能力とか才能は、いつどこで開花するか計り知れないものがありますし、努力と鍛練の積み重ねの上にこそ切り開かれるものですから、簡単に可能性を放棄したり、容易に「現実」と妥協したりすることのないようにと願っています。

わたしたちは、これから人生を歩むきみたちが、生きることのほんとうの意味を問い、大きく明日をひらくことを心から期待して、ここに新たに岩波ジュニア新書を創刊します。現実に立ち向かうために必要とする知性、豊かな感性と想像力を、きみたちが自らのなかに育てるのに役立ててもらえるよう、すぐれた執筆者による適切な話題を、豊富な写真や挿絵とともに書き下ろしで提供します。若い世代の良き話し相手として、このシリーズを注目してください。わたしたちもまた、きみたちの明日に刮目《かつもく》しています。（一九七九年六月）